Lou Andreas-Salomé
Rainer Maria Rilke

**Andreas-Salomé, Lou: Rainer Maria Rilke,
Hamburg, SEVERUS Verlag 2010.**

ISBN: 978-3-942382-65-6
Druck: SEVERUS Verlag, Hamburg, 2010
Lektorat: Esther Gückel

Bibliografische Information der Deutschen Nationalbibliothek:
Die Deutsche Nationalbibliothek verzeichnet diese Publikation in der
Deutschen Nationalbibliografie; detaillierte bibliografische Daten sind im
Internet über http://dnb.d-nb.de abrufbar.

Die digitale Ausgabe (eBook-Ausgabe) dieses Titels trägt die
ISBN 978-3-942382-66-3 und kann über den Handel oder den Verlag
bezogen werden.

© **SEVERUS Verlag**
http://www.severus-verlag.de, Hamburg 2010
Printed in Germany
Alle Rechte vorbehalten.

Der SEVERUS Verlag übernimmt keine juristische Verantwortung oder
irgendeine Haftung für evtl. fehlerhafte Angaben und deren Folgen.

Nicht so ausschließlich, wie man oft meint, ist „Nachtrauer" rein gefühlsmäßiges Besetztsein: es ist mehr noch eine Unablässigkeit des Verkehrs mit dem Entschwundenen, als nähere er sich. Denn durch den Tod geschieht nicht bloß ein Unsichtbarwerden, sondern auch ein neues Insichtbarkeittreten; nicht nur wird hinweggeraubt, es wird auch auf eine nie erfahrene Weise hinzugetan. Von dem Geschehen an, das die fließenden Linien für unser Auge erstarren macht, an denen das ständige Wandeln und Wirken einer Gestalt sich äußerte, geht oft erst ihr Inbegriff in uns auf - dasjenige daran, zu dessen Total-Erfassung durch uns der zeitliche Daseinsablauf nicht still hielt.

Und dieser neue Vorgang findet statt als dasselbe unwillkürliche Miterlebnis wie zur Zeit des persönlichen Austausches, ergibt sich nicht aus absichtsvoller, trösten oder feiern wollender Gedankenanstrengung. Nicht einmal unterbrechbar durch die sich zwischenschiebenden Anlässe sonstiger Erlebnisse oder Eindrücke geht solche leidenschaftliche Inbesitznahme, solche noch nie ermöglichte Aufnahme vor sich: im Lauschen auf die Kunde, die vom Verstummten anhebt -

„das Wehende höre! die ununterbrochene Nachricht, die aus Stille sich bildet."

So ist es mir gewesen beim Jahreswechsel von 1926 auf 27, den Rainer Maria Rilke den

„drohend wehenden" nannte im Brief vom Sterbebett. Gering ward da der bestürzende Unterschied zwischen Überleben und Sterben. Unwiderstehlich drängte sich da ins Wissen, wie ganz aller Verkehr in der Gewalt unserer Hinwendung besteht: sind sie doch alle, und die Geliebtesten zumeist, ihrerseits stets schon Zeichen und Bilder frühester Liebeshinwendungen, an denen wir lieben gelernt, ehe sie selbst vielleicht lebten — so, wie östliche Wolkengebilde vom Sonnenuntergang am Westhimmel erglänzen. Und wenig nur wissen wir zeitlebens davon, womit wir am Strahlendsten -so daß es zu leuchten nicht aufhören kann - verbunden sind. Geliebtes gibt es, das im Sarge ruhen bleibt, vielleicht am trauerndsten beweint um sein Totsein; und anderes gibt es, das jeglichem, was uns sich noch ereignen mag, lebendig antwortet, in Zwiesprache, als würde es selber daran immer erneute Wirklichkeit, weil sie das anrührt, was uns mit Tod und Leben ewig zusammenschließt.

Wenn man aufschlägt, was, etwa um die Mitte der neunziger Jahre, von Rene Maria Rilke an Produktionen bereits vorlag - also „Larenopfer", „Traumgekrönt", Gedichte aus den von ihm selbst redigierten „Wegwarten"-Heften, endlich noch ein paar Novellen, die nicht bewahrt worden sind -, dann kann man sich dem Eindruck nicht ganz entziehen, als habe von vornherein eine Bezogenheit zwischen dem Dichter und dem Tod bestanden. Die Todesnähe der Dinge, die er besingt, ihr Hineinheben ins Zarte, Vergängliche, Hinfällige, scheint sie ihm erst poesiereif zu machen. Sterbend hauchen sie Schönheit aus, als ihren Anteil an der Ewigkeit, und dementsprechend ist der Ton, der von ihnen zu uns sagt, ein leiser, überschwenglich zarter, hie und da von fast unbegreiflicher Musikalität, hie und da doch auch das Sentimentale streifend. Aber ein Mißverständnis liegt dabei ganz nahe, und es hat Rilkesche Poesie oft und oft in eine falsche Romantik gerückt; denn der da sang, meinte schon früh, schon von Beginn an, mit dem Hinweis auf das Sterbliche nicht den Tod, sondern das Leben, ihm war Poesie diejenige Wirklichkeit, worin beides eins ist; und nur weil die grobgesunden Dinge solche Zumutung, mit dem Tode etwas zu tun zu haben, ablehnen, darum hielt er sich unter denen auf, die schon etwas davon erfuhren, zwischen denen er an einer Grenze entlang gehen konnte, auf der die armen, unzulänglichen Worte von „Tod" und „Leben" sich vertauschen konnten. Nie war es der Ehrgeiz dieses ganz und gar zur Lebensdichtung geborenen Dichters, dem Tod poetisch zu schmeicheln, nichts wollte er, als irgendwann einmal auch noch am Gröbsten und aller Zartheit Verschlossensten das, was ihm Wirklichkeit hieß, zur Sprache zu bringen. Poesie konnte nichts sein als dies Wirklichkeitserlebnis in ihm, zusammengedrängt in Worte, die dann als Beschwörungen sich verlautbaren würden - Sein, nicht Laut. Denn, wie paradox sich's auch anhören mag, möchte ich doch schon hier vorwegnehmend behaupten: irgendwo war dieser Dichter des Überzartesten robust. Irgendwo hätte es ihm am ehesten entsprochen, mit kürzestem Vorstoß darzutun, daß, biblisch geredet, das Himmelreich der Gewaltigen ist, derer, die es nicht erst erwarten, sondern schon in sich erobert haben, die nur vom „Einen, was not tut," wissen, unverbrüchlich und unbeirrbar, und denen Tod und Leben darum nicht in ein Zweierlei auseinanderfällt. Dieses schwer zu schildernde – man könnte es fast nennen: - Entwicklungslose, von allmählicher, zu erhoffender Entwicklung gar nicht erst Abhängige, dies Gegenwärtige und sichtbarlich „Vorhandene" in ihm, machte den unsinnlichen Zauber seiner Jünglingshaftigkeit aus.

Es erklärt auch, warum er schon am Beginn seiner zwanziger Jahre sich nicht mit weitreichenden Lebensplänen trug, mit ungeduldigem Verlangen nach der Erfahrungsfülle, die draußen seiner harren mochte, in „dem roten Gewaltsamen, das so Viele das Leben heißen", wie er in einem der ältesten Briefe vermerkt. Nur nicht „in Stückwerk zerren" lassen, was, in Sicherheit und Geschlossenheit, ihm innerlich anvertraut war, sondern, wenn möglich, damit „unter ein Dach treten", - so war er gesonnen, ohne sich für sich selbst zaghaft zu fühlen. Er war wie jemand, der in beiden Händen, vorsichtig und ehrfürchtig, ein kostbares Gefäß trägt und vermeidet, was es schwanken machen, dran stoßen kann: denn von außen her könnte dergleichen ohne sein Zutun geschehen: nach außen ist er ungesichert. Genauer ausgedrückt: er ist es letzten Endes in seiner Körperlichkeit - in dem Geschehen, das sich, unabreißlich, als letztes Außen ihm selbst einheftet, festhaftet an ihm, auf keinerlei Weise sich restlos ins innige und innerliche Erlebnis aufheben läßt. Es ist kein Zweifel, daß ihm die Befürchtungen, bezogen auf sein leibliches Befinden, immer zu schwer zu schaffen machten; „ich werde ohnehin bald zu liegen kommen - sei's Herz oder Lunge", war eine seiner frühesten Äußerungen an mich, obgleich er, und anscheinend durchaus mit Recht, für völlig gesund galt. Fragte man ihn aber darüber aus, so äußerte er sich oftmals so, als habe er in diesem Punkt bereits Erfahrungen und Gründe zu jedem Argwohn hinter sich: nur waren es solche vor aller Erfahrung, wie in einer Vergangenheit zurückliegend, die sich nicht mehr erinnern läßt und die dennoch alle seine Erinnerungen düster stempelten. Als sei er in eine Welt hineingeboren worden, vor eine noch halbfeindlich zuwartende Außenwelt geschoben - dadurch unsicher seinem eigenen Körper gegenüber: dem Schauplatz, wo Außen und Innen zusammengeraten und sich darauf einigen müssen, als eine Dasselbigkeit aufzutreten. Wobei ungünstig mitwirken mochte, daß seine Mutter, ihn zum Ersatz für ein vor seiner Geburt verstorbenes Töchterchen zu einer kleinen Renée umzuwandeln bestrebt war. In der Kindheit scheint sein Gefühl ab und zu zwischen den Eltern geschwankt zu haben, die, miteinander in Streit und Trennung, den kleinen Knaben zwischen sich hin und her schoben. Dann gewann der steifere, strengere Vater das Übergewicht dauernd, tat aber auch nicht gut, als er seinen Sohn zur strammeren Erziehung der Kadettenanstalt von St. Pölten überwies. Diese Zeit hat für immer seine schwersten, ja in mancher Hinsicht schaurigsten Erinnerungen umfaßt. Halbwüchsig entfloh er der Militärschule, nicht ohne derb-abenteuerliche Nebenumstände, und errang dann, zu Hause in Prag, die Erlaubnis, sein Abiturium nachzuholen. Diesen Beschluß dankte er einem Onkel, Bruder des Vaters, der auch die Mittel für den erforderlichen Privatunterricht dazu hergab. Von dem Onkel, einem Rechtsanwalt, soviel ich weiß, scheint der einzige günstige Einfluß auf den Knaben ausgegangen zu sein; zu ihm gewann er Zutrauen, als er des Onkels Zweifel, ob er auch Stich halten werde, vor seinem Fleiß schwinden sah, und lebhaft wurde der Wunsch in ihm, ein ebenso tüchtiger Mann zu werden - wenn auch nicht als Jurist, sondern als Landarzt. Sogar noch des Onkels Tod (der lange Jahre vor dem des Vaters erfolgte), umgab er mit besonderer Ehrfurcht; anscheinend erlag der Starke, Wohlbeleibte, einem Schlagfluß; ihm jedoch war er so mächtig gesund vorgekommen, daß ihm schien, der Onkel habe die Gesundheit wohl nur selbst gleichsam überrennen, den Tod zur ihm genehmen Zeit zulassen können, was sich etwa so ansah : als sei er an der eigenen Blutmenge geplatzt. Zum erstenmal taucht hier, an einer kindlichen Phantasie, die Vorstellung vom „eigenen Tode" auf, die im „Malte Laurids Brigge" eine so große Bedeutung gewinnen sollte. Der Tod, der rechte, als Lebensausweis, als Selbstbestätigung, der Tod, ein nur zugehöriger Zug im Mienenspiel des Lebens, kein Zum-Verfall-Bringen nur, ebenso ein Zum-

Ausdruck-Bringen. So mußte sich des Todes Bedeutung auch völlig in den Gegensatz umdrehen können, in die Freiheit von dem, womit körperliches Erleben und Erleiden droht, bis die üblichen Begriffe wirklich füreinander stehen. Im „Stundenbuch" befindet sich ein Gedicht, der „Stimme eines jungen Bruders" zugeschrieben, das gewissermaßen des Dichters damaliges jugendliches Selbst zum Verfasser hat:

> „Ich verrinne, ich verrinne
> wie Sand, der durch Finger rinnt.
> Ich habe auf einmal so viele Sinne,
> die alle anders durstig sind.
> Ich fühle mich an hundert Stellen
> schwellen und schmerzen.
> Aber am meisten mitten im Herzen.
> Ich möchte sterben. Laß mich allein.
> Ich glaube, es wird mir gelingen,
> so bange zu sein,
> daß mir die Pulse zerspringen."

Ein anderes Gedicht, mit allerlei Anklängen an später entstandene, enthält die gleiche Doppeleinstellung zum Tod wie zum Sinnbild des eigentlichen Lebens, an das es sich richtet:

> „Ich stehe im Finstern und wie erblindet,
> weil sich zu dir mein Blick nicht mehr findet.
> Der Tage irres Gedränge ist
> ein Vorhang mir nur, dahinter du bist.
> Ich starre drauf hin, ob er sich nicht hebt,

der Vorhang, dahinter mein Leben lebt, meines Lebens Gehalt, meines Lebens Gebot – und doch: mein Tod –".

Wo Außerordentliches nach Lebensgestaltung drängt, da bedarf es kaum erst der Einzelenttäuschungen, um zu enttäuschen, da genügt schon die Bedingtheit des menschlichen Daseins an sich, damit dieses vor den großen innern Ansprüchen versage. Während das durchschnittliche Menschenschicksal sich zu allmählicher Anpassung ausgleicht, kommt es beim außerordentlichen zur Fragwürdigkeit des Lebens selber, sei es, daß hinterher irgendein Grundgeschehnis dafür verantwortlich gemacht wird, sei es, daß es sich dem Urteil in ein zusammenfassendes Gleichnis kleidet, das die empfundene Problematik nicht mehr ins Harmlosere lösen läßt. Für Rilke gab es eine Art von Gleichnis, ein Sinnbild, worin, wie ein mitgegebenes Fatum, seine eingeborene Lebenslage sich ihm gewaltsam veran-schaulichte; am genauesten verdeutlicht es vielleicht einer seiner frühesten Knabenträume, der von Zeit zu Zeit wiederkehrte. Ihm träumte dann, er läge neben einer aufgerissenen Gruft, in die ihn ein dicht vor ihm hoch aufgerichteter Grabstein bei der geringsten Bewegung hinabzustürzen drohte. Der eigentliche Angstschauer dabei aber war, daß der steile Stein bereits seinen Namen eingegraben trug, so daß er nun für ihn selber genommen würde, wenn er in der Gruft für immer unter ihm verschwände. Als Albdruck und in fieberhaftem Halbwachen quälte ihn dieses Bild, das er auch brieflich einmal erwähnt (1003, aus Paris, am letzten Juni):

„Fern in meiner Kindheit, in den großen Fiebern ihrer Krankheiten, standen große, unbeschreibliche Ängste auf, Ängste wie vor etwas zu Großem, zu Hartem, zu Nahem, tiefe unsägliche Ängste, deren ich mich erinnere ——".

Die Art und Weise, wie er von Körperzuständen sprach, von Befremdungen und Beklemmungen durch sie, mahnte in irgend etwas an diesen Traum; es mahnte an eine gewalttätige Forderung, zwei unvereinbare Lagen in eine zusammenzuziehen, das Aufgerichtete und das Versenkte zu sein, unter der gleichen Namengebung; zur Vernichtung ins erstickend Weiche der Erde gebettet, und sie, steinern überragend, als Wahrzeichen des Unvernichtbaren, des Gedenkmals. Man begegnet ähnlichen Traumängsten, einem ähnlichen Miteinander von Erleiden und Vergewaltigen, manchmal bei Knaben zur Zeit der Mannbarkeit, ehe sie ihr eigenes Geschlecht in ihr eigenes Ich voll einbezogen haben, seinen leiblichen Äußerungen als ihnen vertraut gewordenen gegenüberstehen. Aber selbst, wo dieses Gefühl von beirrender Doppelgeschlechtlichkeit noch lange nachwirkt, wird es doch von der Körperreife überwunden, es kommt am Gegengeschlecht meistens zur Korrektur; die erotische Partnerschaft bringt die Wohltat eindeutiger Wesensfestigung. Bei dem Menschen mit vorherrschendem Durchbruch schöpferischer Anlagen ist das nicht ebenso selbstverständlich; die natürliche körperliche Ausreifung findet daran eine gefährliche Nebenbuhlerschaft, sie sieht - in den verschiedensten Graden der Verteilung - ihre Kraft in Anspruch genommen von der Richtung ins Werkhafte anstatt ins real Partnerische. Auf Kompromiß angewiesen, ergibt sie dennoch eine um so stärkere Benommenheit durch die körperlichen Vorgänge; die unwillig darauf gerichtete Aufmerksamkeit veranlaßt den Körper zu lauter Unlustkundgebungen, die ebenso viele zurückgetriebene Lustsehnsüchte sind und dadurch Schwermut über ihn breiten, hypochondrische Überempfindlichkeiten hervortreiben. Diese Gefahr nimmt aber nicht ab, wie im durchschnittlichen Normalfall, sondern kann leicht sich steigern in dem Maße, wie der reifende Mensch zum Schaffenden, im Sinn des Werkes, wird - was recht eigentlich heißt: schmarotzen am persönlichen Wohl, sich vampirhaft gegen das benehmen, was den körperlichen Zusammenschluß am unmittelbarsten verbürgt. Für Rilke wurde seine Körperlichkeit mehr und mehr der Leidträger für alles, der fragwürdige Punkt, obgleich in ihm selbst keine Spur von asketischen Neigungen vorhanden war, sondern jene volle Freude an allem Sinnlichen, Sinnenfälligen, die der Künstler gar nicht entbehren kann. („Freude umzusetzen, das ist ja Zweck aller Kunstarbeit"; Brief vom 23. Nov. 1905) Aber daß das Leibliche beim Schaffensglück nicht mittat, verstörte ihn je länger, je mehr, es enthielt ihm die Eindeutigkeit und Einheitlichkeit vor, nach der allein alles in ihm verlangte. Was anfangs von ihm noch als ein von außen Widerfahrendes empfunden wurde, als aufgedrungener Verzicht, das wird nach vielen Jahren endlich zu allerlei Mißtrauen wider sich selbst, wenn jeder Aufschwung sich durch um so anhaltendere Übermüdbarkeit rächte, ihm in den Pausen mit Beschwerden zusetzte, anstatt ihm Erholung und Kräftesammlung zu gönnen. Deshalb sieht er später auf diese Jünglingsjahre sehnsuchtsvoll zurück wie auf nicht mehr einholbar Schönes: „Ach wie war ich in meiner Jugend Eines, bei aller Not, im ganzen unkenntlich, aber dann auch im ganzen wieder erkannt und auf- und ans Herz genommen, Darum so zum Fortwerfen schlecht und doch auch wieder so rätselhaft heilzumachen. Wie konnte eine Freude, die mir ums Gesicht flog, mir auch gleich die heimlichste Seele umkreisen, empfand ich Morgenluft, so ging sie mir durch und durch, so war des Morgens Leichtheit und Beginnlichkeit in allen Stufungen meiner Natur; schmeckte ich dann und wann eine Frucht, ging sie mir auf auf der Zunge, so wars auch schon wie ein Wort des Geistes, das zergeht, die Erfahrung dessen, was in ihr unzerstörbargelungen war, ihr purer Genuß, stieg gleich hoch in allen sichtbaren und unsichtbaren Gefäßen meines Wesens."-(1914, im Juni aus Paris.)

Er schildert damit die Empfänglichkeit und Hoffnungsfähigkeit um 1897, schon in München, wo er sich jahrelang aufgehalten hatte, dann im Wolfratshausener Sommer vor seiner Übersiedlung nach dem Berliner Schmargendorf. Noch in München schrieb er:

„Ich frage mich so viel in diesen Tagen, wie immer in der Zeit großen Umsturzes. Ich bin im ersten Dämmer einer neuen Epoche. —— Ich bin aus dem Garten fort, in dem ich mich lange müde gegangen bin."

In Erinnerung daran bemerkt er (1903 aus Rom) einmal:

„Die Welt verlor das Wolkige für mich, dieses fließende Sich-Formen und Sich-Aufgeben, das meiner ersten Verse Art und Armut war; Dinge wurden, Tiere, die man unterschied, Blumen, die waren; ich lernte eine Einfachheit, lernte langsam und schwer, wie schlicht alles ist, und wurde reif, von Schlichtem zu sagen."

„Reif, von Schlichtem zu sagen" ist schon damals für ihn einziges Ziel gewesen, der Überschwenglichkeit zu entstreben als einem noch Mangelhaften, noch Sucherischen, auch wo sie sich ihm künstlerisch vollendete. In einem der frühesten Münchener Briefe schon äußerte er es, bei Übersendung von Dichtungen, so:

„Immer schlichter und einfacher wird mein Gestehen reifen— — —. Und einmal, bis ich Dir's ganz einfach sage, wirst Du's einfach verstehen."

Im Zusammenhang damit, mir verständlich, vertraut zu machen, was er dichterisch vom Leben gesteht, stand wohl seine Bemühung um russische Dichtung. Unter seinen Studien jener Jahre blieb russische Sprache und Literatur obenan, während das, zeitweilig immer wieder geplante Universitätsstudium nicht richtig zustande kam, obwohl, noch später, Georg Simmel sich sehr persönlich dafür interessierte. In ein paar frischgestimmten Tagen entstand der „Cornet" (Die Weise von Liebe und Tod des Cornets Christoph Rilke), der hinterher so unerwartet berühmt werden sollte, daß sein Verfasser ziemlich erstaunt fand, der „bescheidene Fähnrich erhöbe ein Geschrei wie ein Feldwebel". Die Gedichtbände „Advent", „Mir zur Feier", sammelten sich; endlich, als schönster Ertrag, „Das Buch der Bilder";

zwischendurch wurden die „Geschichten vom lieben Gott" erzählt, deren Prosa der Poesie nachsteht: wie auch schon die frühern, nicht bewahrten Novellen noch redselig und im Ton gesucht erschienen. Stofflich sind die „Geschichten" schon vom russischen Interesse beherrscht. Vor Ostern 1899 führte eine lang vorbereitete Reise Rilke nach Moskau, wo wir auch (zu dreien mit meinem Mann), den greisen Leo Tolstoi besuchten (den er und ich dann im folgenden Jahr auf Jasnaja Poljana bei Tula länger wiedersehen durften). Obgleich Tolstoi uns auf das heftigste ermahnt hatte, abergläubischem Volkstreiben nicht noch durch dessen Mitfeier zu huldigen, fand die Osternacht uns doch, direkt von ihm kommend, unter der Gewalt der Kremlglocken. Im bereits angeführten Brief (aus Rom 1904) gedenkt Rilke dieser Feier:

„Mir war ein einziges Mal Ostern; das war damals in jener langen, ungewöhnlichen, ungemeinen, erregten Nacht, da alles Volk sich drängte, und als der Iwan Welikii mich schlug in der Dunkelheit, Schlag für Schlag. Das war mein Ostern, und ich glaube, es reicht für ein ganzes Leben aus; die Botschaft ist mir in jener Moskauer Nacht seltsam groß gegeben worden, ist mir ins Blut gegeben worden und ins Herz."

Wenn er, nach der zweiten mehrmonatigen Reise durch Rußland - um den Frühsommer

1900 herum -dieses Landes überhaupt in einem so österlichen Sinne gedenkt, wie einer Auferstehung für ihn, so begreift sich das am tiefsten aus seinem „Stundenbuch". Denn hier ist es entstanden, aus dem unmittelbaren Erleben der Stunden; Strophe um Strophe, Gebet um Gebet, gehoben aus Tagen und Nächten heraus, die sich anfüllten mit unerschöpflicher Andacht - wie vielleicht noch nie gedichtet und gebetet worden ist: als habe beides nur zu sein, indem es ein und dasselbe ist. Das liegt im Namen Gottes, den das „Stundenbuch" über alles deckt, gleich einem Mantel der Mütterlichkeit, unter dem, dadurch erst, auch das Geringste noch, zu seinem eigenen Namen getauft ist. Dieser russische Gott überwältigt nicht als sonderlich großer Machthaber, nicht dadurch wurde er dem vor dem Leben Furchtsamen im innersten Gefühl so glaubhaft: nicht alles kann er hindern oder bessern, nur Nähe kann er sein allezeit (weshalb er auch nach Ljeskows, des russischen Heiligenbild-Dichters, schönem Vergleich, unter der linken Achsel, dem Herzen des Menschen am nächsten, seine Wohnung hat). Diese Allgeborgenheit in ihm, seine Art der Allwesenheit, führt ins Zutrauen zur Umgebung, wie sie auch sei, zum rißlosen Ineinander mit jeglichem, was ja gleichfalls diesen Mutterschoß zur Voraussetzung hat, - seine Kindheit und Bindung darin hat. Eben die Kindlichkeit und Primitivität der Grundvorstellung ist es, die dem Dichter am russischen Wesen und Frommsein die Zunge löste: dies Zurückgeführtsein auf das gewissermaßen Familiäre des Gottschöpferischen in der Menschheit; als würde die so persönlich von ihm entbehrte Urkindheit und Urheimat darin geschenkt, als stehe er vor sich selber damit als Kind - wie für das Kind ja der Gott aus den Erfahrungen des Elternhauses erwächst.

Entsprechend dem Umstände, daß der Gott hier nicht vor allem Allmacht zu bedeuten hat, sind die Gebete des „Stundenbuches" auch nicht schon Ergebnis einer gewandelten Existenz, die sich nun schon endgültig verwirklicht. Zwischen den Strophen lagen nach wie vor die Tiefstände ringender und verzweifelnder Stunden, wie zuvor. Nur die Einstellung zu ihnen war gewandelt, war Gebet geworden, Sammlung in einem unerhörten Sinn der Hingabe, des Angelöbnisses. Man könnte sagen: er betete sich darin vor, wie ja auch als Dichter er damit sein Endgültiges nicht etwa schon zu geben glaubte, sondern es sich gleichsam vordichtete, in einem Empfangen: indem auch das Alltäglichste noch am Gott zu Dichtung wurde. Was er tadelnd seine Überschwenglichkeit genannt hat, die Auswahl dessen, was poetisch wirken könnte innerhalb der „roten

Gewaltsamkeit", die man das Leben nennt - das fiel hier von ihm ab in der unterschiedslosen Hinwendung zum Irdischen als dem Gott-Nahen, von Gott ihm heimatlich Ausgebreiteten. Ja: hier klingt der Ton an, der, spät, in den „Elegien", noch einmal mitten hineintönen .sollte in die Lobpreisung des Jenseitigen, der dem Irdischen fremden Engel:

„Erde, du liebe, ich will! Namenlos bin ich zu dir entschlossen!"

Dies ist das Beheimatetsein des Dichters in Rußland gewesen, wie er es vier Jahre später (1904, am 10. August aus Rom) beschreibt:

„Daß Rußland meine Heimat ist, gehört zu jenen großen und geheimnisvollen Sicherheiten, aus denen ich lebe.

Ich bin in Paris Rußland nicht ausdrückbar nähergekommen, und doch denke ich irgendwie, daß ich mich auch jetzt in Rom, im Angesichte der antikischen Dinge, aufs Russische vorbereite, und darauf, dorthin zurückzukehren."

Wie an russischer Frömmigkeit war Rilke nämlich, schon während seiner Studien, noch ein zweites am Russentum aufgegangen, was auf ihn ebenfalls wirkte wie eine Veranschaulichung von Schwierigkeiten und Aufgaben, die an seine persönlichen erinnerten. Das war der Gang der russischen Geschichte, die Eigentümlichkeit einer Entwicklung, welche zwischen Gegensätze gestellt ist; welche, schon durch ihre geographische Lage zwischen Ost und West, behindert ist, eindeutig und rasch vorwärts zu schreiten, weil von zwei Seiten beladen, und nur hoffen kann, für diesen Entgang an Beweglichkeit, beidem die Synthese zu scharfen. Er wurde nicht müde, das in Bildern zu sehen, und man empfand, wie er sich selber darin sah: auch in ihm erlitt die Aktion nach außen Einbuße an der sich überbewegt stoßenden innern Aktivität - genötigt zu Geduld und Duldung, sofern die Gegenwart vorarbeiten sollte einer Zukunft, die ihm einmal Ausdruck seiner selbst würde, Ausdruck andrer Art als der des Machtstrebens im Wettkampf. An sich dachte er, wenn er schrieb (Oberneuland, 15. August 1903):

„Vielleicht ist der Russe gemacht, die Menschen-Geschichte vorbeigehen zu lassen, um später in die Harmonie der Dinge einzufallen mit seinem singenden Herzen. Nur zu dauern hat er, auszuhalten und wie der Geigenspieler, dem noch kein Zeichen gegeben ist, im Orchester zu sitzen, vorsichtig sein Instrument haltend, damit ihm nichts widerfahre ... Immer mehr und von immer innigerer Zustimmung erfüllt, trage ich meine Zuneigung für dieses weite, heilige Land in mir —"

Damit hing ein Doppeltes zusammen, was den russischen Menschen und dessen Land zweifellos kennzeichnet: eine Sinnesart umgab ihn dort, für die, ohne Frage, das Machtstreben etwas ganz anderes bedeutet als für den europäischen Menschen: nämlich im Grunde eine auferlegte Last oder eine ungute Versuchung, ein Bruch mit jener Brüderlichkeit, in der allein man doch der Heimat inne wird und der notvollen Vereinzelung enthoben. Was im übrigen Europa als schwächlicher, ja kränklicher Wesenszug erschiene, der den Lebenskampf von vornherein lahmlegt, ist dort für das Volk eine natürliche Äußerung gesicherter Kraft, -weil die Wertbetonung auf der Gleichheit der Menschen („vor Gott") anstatt auf ihrer Unterschiedenheit (vor den „irdischen Zielen") liegt. Wobei ein an sich Äußerliches als sehr dazugehörig mitspricht: das ist die Weite der russischen Landschaft in zwei Weltteilen, die dem Heimatbegriff geradezu jenes Begrenzende abstreift, was den Abstand eines Landes von einem ändern zur Voraussetzung hat; wie man gewissermaßen nirgends aus der Heimat herauszugeraten meint, so auch nicht aus dem menschlichen Verband, als verbürge er bereits nächste Blutsverwandtschaft. Rilke sah zwischen Weißem bis Schwarzem Meer, längs den Wolga-Ufern vom Süden an bis an die nordischen Birkenwälder, in diesem Sinn stets den gleichen Menschen sich begegnen; und wenn es der typische analphabetische Bauer war, so hatte der doch schon den riesigen Raum durchpilgert, sei es zum Besuch seiner Kirchenheiligtümer oder seiner nach allen vier Himmelsrichtungen verstreuten Familienangehörigen. Zwei Momentbilder sind mir hiervon als charakteristisch vor Augen geblieben: gleich anfangs der Ausdruck in Rilkes Gesicht bei der üblichen Frage eines Bäuerleins: „Wievielmal vierundzwanzig Stunden bist du denn her?", und der Ausdruck in seinem Gesicht, einem erglühenden Gesicht, als nach erstem Aufenthalt in einem der Wolga-Dörfer die Bäuerin, Abschied nehmend, ihn mit den Worten küßte: „Auch du bist wohl nur Volk."

Auch als Künstler empfing er nur in diesem Sinne — aus dem Menschlichen heraus — Anregungen, wie schon die ganz Großen der Dichtung es ihm insbesondere auf diese Weise, als russische Menschen, angetan hatten. Daß eine Volksart ihn umgab, die künstlerisch gerichtet war in Phantasie und Auffassung, aber in einer noch innigen Zusammenfassung von Poesie und Leben, wie es dem Primitiven entspricht; - daß künstlerische Betätigungen, noch nicht völlig abgesondert von den übrigen menschlichen, noch naiver hinlebend, unausgegebener und unmittelbarer wirkten, das waren die Eindrücke, die ihn selbst verkindlichten, verjüngten. Wodurch sie ihm, wie in allem, zum Auftakt wurden zu vertrauensvollem Beginn;

auch wo es ihn vielleicht hie und da zu Überschätzungen einzelner russischer Künstler verführte, hatte es doch nur die eine Bedeutung, im Eindruck des Allgemeinen, Menschlichen, ihn für sein Eigenes, für die bevorstehende Arbeit daran, zu befreien.

Alles, was nach seiner Rückkehr aus Rußland in Angriff genommen werden sollte, bezog sich darauf. Der Umstand, daß er im folgenden Jahr Haus und Familie gründete, schien allem nun auch den festen, ruhigen Ausgangspunkt zu geben, um so mehr, als es ihn zugleich in eine Gemeinschaft von Künstlern einfügte, deren einer, Heinrich Vogeler, ihm bereits befreundet war. Da Rilke seine Frau, die junge Bildhauerin Clara Westhoff, eine Schülerin Rodins, in Worpswede fand, schlug er nahe dabei, in Westerwede, sein Heim auf.

Aber die Arbeit wollte sich damit nicht auftun, seine Zaghaftigkeit kehrte wieder. Aus Oberneuland bei Bremen, wo sein Töchterchen Ruth bei den Schwiegereltern aufwuchs, klagte er (1903, am 25. Juli):

„Denn, Lou, das aus dem Vor-Wolfratshausenschen Stammende, das Du auch empfindest, ist stark in mir, und ich glaube, ich bin noch nicht Herr darüber."

Inzwischen war, 1902, sein kleines Worpsweder Buch erschienen, aber später, im Rückblick darauf, betrachtete er auch das unzufrieden:

„- es ist, mehr als das Rodin-Buch, Auftrag für mich geblieben, auch während ich es schrieb. Im Stoffe selbst lagen zu viel Widerwärtigkeiten und Beschränkungen; die Maler, von denen es handeln mußte, sind als Künstler einseitig — und Nebensächlichem geneigt — und da ich sie zu lieben versuchte, zerrannen sie mir unter den Händen; blieb nur das Land —. Und dann half mir auch noch, daß der gegebene Vorwand mich zwang, vieler Dinge Klang zu sein, und es kam vieles herbei und ging in den Zeilen mit, was von verwirrten Tagen zurückgedrängt worden war in das Nichtsein des Ungeformten."

Und so verwelkte bald seine Freude an der Gemeinschaft mit der Künstlerkolonie, an der er das Menschlich-Gemeinsame hatte festhalten wollen, das ihm nach den russischen Eindrücken unentbehrliche Grundlage geschienen hatte:

„Und es kann keine Kunst kommen daraus. —Und mir bangt — bei dieses Lebens leichter Bescheidenheit. — Kramskoi hat es gefühlt, als die Kinder kamen und mit ihnen die Gegenwart und die Sorge um die nahe Zukunft, statt um die fernste; da verschieben sich alle Maße: das Entlegene ist nicht mehr wichtig, nur das Gestern ist es; und das Morgen ist mehr als die Ewigkeit."

Die Angst überwältigte ihn, nicht beginnen zu können: „- wo ist das Handwerk meiner Kunst, ihre tiefste und geringste Stelle, an der ich beginnen dürfte, tüchtig zu sein? Ich will jeden Rückweg gehen, bis zu jenem Anfang hin, und alles, was ich gemacht habe, soll nichts gewesen sein, geringer denn das Fegen einer Schwelle, zu der der nächste Gast wieder die Spur des Weges trägt."

In diesem Brief (vom achten August 1903 aus Oberneuland) reißt die Sehnsucht nach seinem eigenen eigentlichen Auftrag sich los von allem ändern, will bedenkenlos nur noch das Ihre:

„Denn nicht wahr, Lou, es soll so sein; wir sollen wie ein Strom sein und nicht in Kanäle treten und Wasser zu den Weiden führen? Nicht wahr, wir sollen uns zusammenhalten und rauschen? Vielleicht dürfen wir, wenn wir sehr alt werden, einmal, ganz zum Schluß, nachgeben, uns ausbreiten und in einem Delta münden ... liebe Lou!"

Dann wieder drückte es ihn zu Boden, keine Verantwortung tragen zu können für Übernommenes, niemandes Halt werden zu können:

„Früher glaubte ich, das würde besser, wenn ich einmal ein Haus hätte, eine Frau und ein Kind, Wirkliches und Unleugbares; glaubte, daß ich sichtbarer würde damit, greifbarer, tatsächlicher. Aber, sieh, Westerwede war, war wirklich: denn ich habe selbst das Haus gebaut und alles gemacht, was darin war. Aber es war eine Wirklichkeit außer mir, ich war nicht mit darin und ging nicht darin auf. Und daß ich jetzt, da das kleine Haus und seine stillen schönen Stuben nicht mehr sind, weiß, daß da noch ein Mensch ist, der zu mir gehört und irgendwo ein kleines Kind, an dessen Leben nichts so nahe ist wie er und ich -das gibt mir wohl eine gewisse Sicherheit und die Erfahrung vieler einfacher und tiefer Dinge - aber es hilft mir nicht zu jenem Wirklichkeitsgefühl, zu dieser Ebenbürtigkeit, nach der ich so sehr verlange: Wirklicher unter Wirklichem zu sein." (1904 aus Rom.) Und das Jahr zuvor die Selbstanklage: „Was war mir mein Haus anderes als eine Fremde, für die ich arbeiten sollte, und was sind mir die nahen Menschen mehr als ein Besuch, der nicht gehen will. Wie verliere ich mich jedesmal, wenn ich ihnen etwas sein will; wie gehe ich von mir fort und kann zu ihnen nicht kommen und bin zwischen ihnen und mir unterwegs und so auf der Reise, daß ich nicht weiß, wo ich bin und wieviel Meines mit mir und erreichbar ist."

Derselbe aber, der so schreibt, wußte wie kein anderer um die Innigkeit der Zusammenhänge zwischen Menschen: eben dasselbe Künstlertum, dessen Ansprüche ihm die Hingabe an Gemeinsamkeit erschwerte? machte ihn auch wissend, machte ihn auch einfühlend in die zartesten menschlichen Ansprüche, wie keinen anderen. Dieser schmerzliche Widerspruch wirkt sich hinter tausend Gelegenheiten aus, gibt schon jeder brieflichen Gestaltung Rilkes um so unmittelbarer Leben, je gegensätzlicher sie sich abhebt von seiner Resignation vor dem Leben. Mag man herausgreifen, was man will: etwa das Wiedersehen von ihm und seiner Frau Clara mit der kleinen Ruth bei den Schwiegereltern (Brief aus Oberneuland, vom 25. Juli 1903):

„Zuerst, als wir kamen, versuchten wir, ganz still und wie Dinge zu sein, und Ruth saß und sah uns lange an. Ihre ernsten, dunkelblauen Augen ließen nicht ab von uns, und wir warteten eine Stunde lang, fast ohne uns zu rühren, wie man wartet, daß ein kleiner Vogel näher kommt, den jede Bewegung verscheuchen kann. Und schließlich kam sie ganz von selbst näher und versuchte einzelne Worte, ob wir sie verstünden; später erkannte sie von ganz nah in unseren Augen ihr kleines, glänzendes Bild. Und rief sich und lächelte; das war ihre erste Vertraulichkeit."

„Und dann ertrug sie mit etwas überlegener Nachsicht unser schüchternes Bemühen, ihr nahe zu sein und alles mit ihr zu teilen. Und auf einmal war es ihr natürlich, ‚Mutter' zu sagen, und dann wieder breitete sie, wie aus Erinnerung, die Arme aus und kam wie auf Liebes auf uns zu. Jetzt ist sie gut gegen uns; und mich ruft sie: ‚Mann' und ‚guter Mann', und ist zufrieden, daß ich noch da bin."

Jener schmerzhafte Widerspruch, der ihn aus Gemeinsamkeit in Einsamkeit riß und in der Einsamkeit doch in sich selber zerriß, brach mit den alten Ängsten am schauerlichsten aus während Rilkes ersten Pariser Aufenthaltes. Wenn ich die brieflichen Schilderungen davon nicht hier ausführe, so ist es deshalb, weil sie wörtlich in das Pariser Tagebuch des „Malte Laurids Brigge" übernommen worden sind. Er leitete sie ein mit den Worten:

„Ich möchte Dir sagen, liebe Lou, daß Paris eine ähnliche Erfahrung für mich war wie die Militärschule; wie damals ein großes banges Erstaunen mich ergriff, so griff mich jetzt wieder das Entsetzen an vor alledem, was, wie in einer unsäglichen Verwirrung, Leben heißt. Damals, als ich ein Knabe unter Knaben war, war ich allein unter ihnen, und wie allein war ich jetzt unter diesen Menschen, wie fortwährend verleugnet von allem, was mir begegnete; die Wagen fuhren durch mich durch, und die, welche eilten, machten keinen Umweg um mich und rannten voll Verachtung über mich hin, wie über eine schlechte Stelle, in der altes Wasser sich gesammelt hat." (Worpswede, 18. Juli 1903).

In diesen furchtbaren und meisterhaften Schilderungen der Ärmsten der Armen, ihrer Krankheiten, Schrecken, Obdachlosigkeiten ist es, als zerfiele der Beobachter selbst in diese Menschen alle, vergespenstere sich in sie, erläge mit ihnen. Nicht Mitleid schrie aus dem Übergroßen dieser Eindrücke, sondern er geriet in sie hinein wie in einen vergewaltigenden Überfall, der seine Verzweiflungen in symbolisierende Sichtbarkeit riß: und mitten im Grauen dieses Erliegens stand doch, hochgereckt, der Künstler und schuf, faßte es in seine Symbolik. Es verhielt sich damit entgegengesetzt wie mit derjenigen Vereinselbigung, die ihn in den russischen Menschen hatte aufgehen lassen: dort nahm ihn etwas an die Hand, ihn zurückzugeleiten in vergessene Zuversicht der Urkindlichkeit, ob von ihr aus der Neubau sich aufrichten ließe, ohne daß dieser selbst schon begonnen gewesen wäre. Hier nun merkt man den Fortschritt des Künstlers, hindurch durch die damit anhebenden menschlichen Kämpfe und Hindernisse der geängstigten Seele: diese Seele wird dennoch schaffend daran. Rilke wollte es selbst kaum wahrhaben, daß ihm ein solcher Ausweis damit schon gelungen sei: zu laut hörte er seine Angst daraus schreien:

„Hätte ich die Ängste, die ich so erlebte, machen können, hätte ich Dinge bilden können aus ihnen, wirkliche stille Dinge, die zu schaffen Heiterkeit und Freiheit ist und von denen, wenn sie sind, Beruhigung ausgeht, so wäre mir nichts geschehen. Aber diese Ängste, die mir aus jedem Tage zufielen, rührten hundert andere Ängste an, und sie standen in mir auf wider mich und vertrugen sich, und ich kam nicht über sie hinaus. Im Bestreben, sie zu formen, wurde ich schöpferisch an ihnen selbst; statt sie zu Dingen meines Willens zu machen, gab ich ihnen nur ein eigenes Leben, das sie wider mich kehrten, und mit dem sie mich verfolgten weit in die Nacht hinein. Hätte ich es besser gehabt, stiller und freundlicher, hätte meine Stube zu mir gehalten und wäre ich gesund geblieben, vielleicht hätte ich es doch gekonnt: Dinge machen aus Angst."

„Einmal gelang es, wenn auch nur für. kurze Zeit, als ich in Viareggio war; zwar brachen die Ängste dort los, mehr als vorher und überwältigten mich.

— Aber es kam doch. Gebete sind dort entstanden,

Lou, ein Buch Gebete. Dir muß ich es sagen, weil in Deinen Händen meine ersten Gebete ruhen, an die ich so oft gedacht und an denen ich mich so oft aus der Ferne gehalten habe. Weil sie so großen Klanges sind und weil sie so ruhig sind bei Dir (und weil niemand außer Dir und mir von ihnen weiß), darum konnte ich mich halten an ihnen — — —

„Denn sieh, ich bin ein Fremder und ein Armer. Und ich werde vorübergehen; aber in Deinen Händen soll alles sein, was einmal hätte meine Heimat werden können, wenn ich stärker gewesen wäre." In jener ersten Pariser Zeit lernte er durch seine Frau Clara bereits Auguste Rodin kennen. Von Anfang an war der Eindruck für ihn entscheidend: er war es in dem Sinn, daß die Vornanstellung des Künstlers, über alles Sonstige hinaus und hinüber, ihm selbstverständlich wurde. So beschreibt er die ersten Eindrücke im Rückblick von 1903:

„Als ich zuerst zu Rodin kam und draußen in Meudon bei ihm frühstückte, — mit Fremden, an einem Tische, da wußte ich, daß sein Haus nichts für ihn war, eine kleine armselige Notdurft vielleicht, ein Dach für Regen- und Schlafzeit; und daß es keine Sorge war für ihn und an seiner Einsamkeit und Sammlung kein Gewicht. Tief in sich trug er eines Hauses Dunkel, Zuflucht und Ruhe, und darüber war er selbst Himmel geworden und Wald herum und Weite und großer Strom, der immer vorüberfloß."

Er gab unumschränkt zu:

„Sein tägliches Leben und die Menschen, die hineingehören, liegen da wie ein leeres Bette, durch das er nicht mehr strömt; aber das hat nichts Trauriges an sich: denn nebenan hört man das große Rauschen und den gewaltigen Gang des Stromes, der sich nicht an zwei Arme teilen wollte.

„Und ich glaube, Lou, so muß es sein; dieses ist ein Leben und das andere ein anderes, und wir sind nicht gemacht, zwei Leben zu haben." So verließen denn Rainer und seine Frau ihr Westerweder Haus endgültig, um sich Rodins halber in Paris anzusiedeln:

„denn wir wollten von ihm arbeiten lernen. Wir wollten nichts haben als Arbeit, und wollten jeder bei seinem Werke stehen und ruhig sein und um keine Gemeinschaft sorgen."

Und zum erstenmal seit Jahren klingt ein heller Ton der Herzensfreude an, als er von der Überraschung berichtet, daß Rodin ihn ganz zu sich nähme, als seinen Sekretär in das kleine Nebenhaus in Meudon bei seinem großen. Und während er ihm – einstweilen noch „in einem Französisch, für das es sicher irgendwo ein Fegefeuer gibt," — die Korrespondenz besorgt, lernt er, trotz dieser Nebenbeschäftigung, an Rodin die große Hauptbeschäftigung für seinen eigensten Zweck, die im Rodinschen Lebensmotto enthalten ist: „Qu'il faut travailler, travailler toujours." — Die Immer-Arbeit, ungeachtet der wechselnden Verfassung dazu, ermöglicht sich beim Bildhauer durch die immer zu leistende Handwerklichkeit, da am Stoff dies Wirkliche nie ganz entschwindet, nie ganz auf die jeweilige Stimmungslage allein angewiesen bleibt. Rilke erfuhr daran, wie gerade durch das Absehen vom „Sentiment" erst die Einstellung auf einen Gegenstand total wird, wie er das zu schaffende Werk erst dadurch vollkommen in seinen Dienst einbezieht. Schon 1903, nach der flüchtigen Bekanntschaft mit Rodin, berichtet er darüber aus Oberneuland:

„Immer ist ihm das, was er schaut und mit Schauen umgibt, das Einzige, die Welt, auf der alles geschieht; wenn er eine Hand bildet, so ist sie im Raum allein, und es ist nichts außer einer Hand; und Gott hat in sechs Tagen nur eine Hand gemacht und hat die Wasser um sie ausgegossen und die Himmel gebogen über sie; und hat geruht über ihr, als alles vollendet war, und es war eine Herrlichkeit und eine Hand."

Das Buch über Rodin, nebst dem etwas spätem zweiten, aus Rilkes Rodin-Vorträgen in Deutschland entstandenen, enthält so überzeugend die Schilderung dieser Art der Arbeitsgenialität, wodurch „die Dinge zum Werkzeug kommen", anstatt von der Inspiration aufgesucht zu werden, daß sich breiteres Eingehen darauf erübrigt. Was seine Briefe darüber enthalten, ergänzte sich wundervoll durch mündliche Äußerungen. Empfand er doch in tiefer Dankbarkeit, wie die herrliche Frucht der „Neuen Gedichte" nie ohne den Halt und Schutz des Riesenbaumes Rodin hätte reifen können. Noch 1911, nachdem es ihm schlecht ergangen war, gedenkt er heiß des gesegneten Einflusses von damals (am 28. Dez. aus Schloß Duino):

„Mit einer Art Beschämung denk ich an meine beste Pariser Zeit, die der „Neuen Gedichte", da ich nichts und niemanden erwartete und die ganze Welt mir immer mehr nur noch als Aufgabe entgegenströmte und ich klar und sicher, mit purer Leistung antwortete. — — Wie ist es möglich, daß ich jetzt, vorbereitet und zum Ausdruck erzogen, eigentlich ohne Berufung bleibe, überzählig?"

Das nicht voll Gefestigte des Errungenen hatte schon damals nicht aufgehört, ihm Sorge zu bereiten; 1904 (aus Rom, Villa Strohl-Fern) bemerkte er, bei Beschreibung des römischen Frühlings:

„- Und daß ich das alles jetzt ruhig und geduldig beobachten und lernen kann, das ist, fühle ich, eine Art Fortschritt und Vorbereitung; aber, weißt Du, meine Fortschritte sind so irgendwie leise Rekonvaleszenten-Schritte, ungewöhnlich gewichtlos, taumelnd und der Hülfe über alle Maßen bedürftig."

In der Tat: Er wurde „zum Ausdruck erzogen", zum Meister gemacht in seiner Kunst: dem romantisch Zagenden vor dem Wirklichen, dann dem Zutraulichgewordenen vor dem Wirklichen war nun die große Hingabe der

Sachlichkeit gefolgt, der sich aus dem Wirklichen erst dessen dichterische Vollendung im Ausdruck erschloß. Aber einen Umstand gab es ja dabei, der diesen wichtigen und notwendigen Weg zum Ziel zu einem nicht gefahrfreien werden ließ: das war die Gegensätzlichkeit der beiden Kunstwelten, die zu innersten Verwechslungen verleiten konnte. Denn jene „Immervorhandenheit" des plastischen Materials, die dem Bildhauer die Stetigkeit seiner Arbeitsweise auch außerhalb der aussetzenden „Inspiration" ermöglicht, ist ihm ja nur dadurch gegeben, daß es sinnenfällig ihm vorliegt. Dem Dichter steht an dieser Stelle das Wort - also etwas vom Wirklichen, den Sinnen Faßbaren, weit Abgeleitetes, ein bloßes Zeichen, das der logisch-praktischen Verständigung dient. Er muß es erst zu demjenigen Material machen, woran Dichterisches sich vollzieht. Die Bereitschaft der Sinne, womit Rilke etwa den Panther im Pariser Tiergarten oder eine Pflanze im Luxembourg tage-, ja wochenlang beobachtete, enthielt sozusagen nur erst den Schauplatz, auf dem das neue sachliche Verhalten vor sich ging; denn sachlich hieß hier: eine nur um so tiefere, über alles Gefühlsbetonte noch tief, tief hinabreichende Einfühlung - eine, die dadurch jede, auch die sentimentbeladene Gegenüberstellung aufhebt - eben dadurch das Wort, das Außenzeichen, gleichsam zu dem zu Sagenden selbst werden läßt, zur Beschwörung, zur Schöpfung. Noch viele Jahre später sucht Rilke sich manche Mißerfolge oder schwere Nachwirkungen von damals so zu erklären; er schreibt 1914: „Es fällt mir ein, daß eine geistige Aneignung der Welt, wo sie sich so völlig des Auges bedient, wie das bei mir der Fall war, dem bildenden Künstler ungefährlicher bliebe, weil sie sich greifbarer an körperlichem Ergebnissen beruhigt" Aber von Anfang an war er sich der Schwierigkeiten seiner Nachfolge Rodins bewußt gewesen, schon 1903:

„Ich litt an dem übergroßen Beispiel, dem unmittelbar zu folgen meine Kunst keine Mittel bot; die Unmöglichkeit, körperlich zu bilden, ward Schmerz an meinem eigenen Leib, und auch jenes Angsthaben (dessen stofflicher Inhalt die enge Nähe von etwas zu Hartem, zu Steinernem, zu Großem war) entsprang aus der Unvereinbarkeit zweier Kunstwelten."

Denn noch etwas anderes als bloß die Unvereinbarkeit zweier Kunstwelten kam hier in Frage, und eigentümlich weist Rilkes Ausdruck, den er hier in Klammern setzt, darauf hin: es war der Gegensatz der beiden Menschentypen selbst. Zweifellos war Rodin der markant maskuline Mensch, was ungefähr so viel heißt, wie: Trotz der Gewalt, womit er sich seiner Kunst hingab - und eben dies hatte ihn ja für Rilke so unendlich bedeutsam gemacht -, besaß er seine Kunst und nicht sie ihn. Das heißt, er vermochte es, sein Wesen derart zu gliedern, daß er ihr viel, fast alles, überließ und dennoch des Restes auch noch auf andere Weise froh werden konnte, ohne bei allem des bindenden Mittelpunktes zu bedürfen. Auch falls dies Schaffen nach irgendeiner Seite zu weit übergriff, gleichsam verstümmelnd, schädigend, konnte er es nach irgendeiner ändern Seite wieder gutmachen -oder gar noch besser. Man verstand das unmittelbar, wenn man ihn betrachtete: den Untersetzten, Starknackigen, Sinnen- und Geiststrotzenden, etwas wie eine brutale Kraft und durchgeistet in gleicher Ungehemmtheit, als könne nur Macht von ihm ausgehen. Rilkes Mannheit war die andere, die gerade daran aktiv wird, daß sie ihre Totalität zusammenhält, daß sich zum Zeugnis ihrer schöpferischen Kraft, beide Geschlechtlichkeiten in eins vereinigen und daß alles, was dabei zur Seite oder anders verwendet bliebe, einen Abbruch, eine Minderung bedeuten müßte, denn Werk bedeutet hier mehr noch als Mensch. Freilich ist überhaupt alles Schöpferische nur etwas wie ein Name für die Reibung des Doppelgeschlechtlichen in uns, aber die Abstufungen darin sind verschieden, und man versteht, wie das maskuline Moment bei der geistigen Schöpfung das wichtigere, überwiegendere bleiben muß durch seine freiere Struktur, die der Leiblichkeit ihr Recht außerhalb beläßt, während ein großer Zuschuß des Weiblichen in einen Leibgeist-Zwiespalt hineinreißen kann, wie in ein undarstellbares Verlangen nach Schwangerschaft.

Jedenfalls trug die tiefere Verschiedenheit beider Naturen dazu bei, daß das wundervolle Band zwischen ihnen brüchig wurde und fast riß. Auch gerade dazu, daß Rilke es schließlich vielleicht an genügender Einfühlung in den andersgearteten großen Freund fehlen ließ, ihn einfach so haben wollte, wie er ihn sich in Dankbarkeit und Bewunderung vorgestellt und wie er ihn für sich brauchte. Es gibt kein Nehmen ohne das ganz entsprechende Geben, wenn die Gabe tief empfangen sein soll: hier gab der Jünger nicht genug, er, dem Rodin seines Alters Geheimnisse preisgab — seine Schwermut über das Nachlassen der Genußfreudigkeit - worunter Rodin sowohl die künstlerische wie die sinnliche unbefangen miteinbegriff. Es hat etwas Rührendes, wie, nach Rilkes Andeutungen, der Greis ihm sein Versagen aufschloß, und der das tat, war doch für ihn gewesen -:

„- der Wichtigsten einer, ein Zeichen weit über der Zeit, ein ungemeines Beispiel, ein weithin sichtbares Wunder - und doch nichts als ein unsäglich einsamer alter Mann, einsam in einem großen Greisentum" (1903).

In einem schon erwähnten Brief von 1911 fühlt man das Ausbleiben einer letzten Güte Eindrücken gegenüber, die ihn an Rodin leiden gemacht hatten, wenn er schreibt:

„Ich habe so viel Beirrendes durchgemacht, Erfahrungen wie die, daß Rodin in seinem siebzigsten Jahr einfach ins Unrecht geriet, als ob alle seine unendliche Arbeit nicht gewesen wäre; daß da etwas Mesquines, eine klebrige Kleinlichkeit, wie er ähnliche früher gewiß zu Dutzenden aus dem Weg gestoßen hat, sich nicht die Zeit lassend, mit ihnen wirklich fertig zu werden, - gelauert hatte und ihn spielend überwältigte und jetzt Tag für Tag sein Alter zu etwas Groteskem und Lächerlichem macht - was soll ich mit solchen Erfahrungen anfangen?"

Er fing schließlich damit das einzig Richtige an, und gleich damals schon, nach der ersten Lockerung des Verhältnisses: er besann sich auf seine Selbsthilfe und darauf, die ungeheure Schulung, die er gewonnen, anzuwenden auf ein' ihm allerwesentlichstes Thema: das geschah in seinem ersten großen Prosawerk, dem „Malte Laurids Brigge". Aus Rom (der Villa Strohl-Fern) berichtet er zuerst darüber am 12. Mai 1904:

„Mein neues Buch (dessen feste lückenlose Prosa eine Schule für mich ist und ein

Fortschritt, der kommen mußte, damit ich später einmal alles andere – auch den Militärroman schreiben könne) — "

Der „Militärroman", Schilderung der St. Pöltener Eindrücke, war das zweite in der Reihe dessen, was, wie er deutlich empfand, ihm zu tun oblag: das erste die Bewältigung von fernsten, dunkelsten Kindererinnerungen, die heraufzubeschwören es ihm immer an Mut fehlte. „Seine Kindheit nochmals zu leisten", nannte er es und verstand darunter den Abstieg bis dorthin, wo ihm wahrhaft sein Material lag, dem er noch nie mit der neuen erworbenen Sachlichkeit in die Augen geschaut hatte - mit jener unvoreingenommenen furchtlosen Sachlichkeit, die so viel tiefern Aufruhrs benötigte als bloßen „Sentiments", die mit dem Urgrund des Lebens rückhaltlos sich zusammentat. Er sprach mir mündlich davon; bei gemeinsamem Aufenthalt in Paris; und wir saßen dabei in seinem herrlichen - noch von Rodin selbst mit dessen Möbeln ausgestatteten - Refektorium des Sacré Coeur, vor der riesigen Terrasse, über die hinweg, aus dem menschenverlassenen verwildernden Garten, der Blütenduft des Frühsommers ihn umfing - wie während jener ganzen arbeitsberauschten Wochen. Er sprach von diesem Rausch der Gestaltung, die ihn in ihren Bann gezogen habe fast bis zur lebendigen verwirrenden Verwechslung mit den Personen und Episoden seines Werkes - und er sprach auch von dem Druck, der auf ihm ruhen blieb, weil er trotzdem „seine Kindheit nicht geleistet habe", sondern ihr ausgewichen sei, Erfundenes an ihre Stelle setzend. Mir wird der Blick unvergeßlich bleiben, womit er, die Augen hinausgerichtet in den Sommer draußen, in schwerem Ton sagte: „Siehst du, es ist damit wie im Märchen, wo es sich darum handelt, einen Verwunschenen in die Brunnentiefe zu stürzen um Mitternacht - drei Nächte hindurch schlägt die erlösende Stunde. Vergeblich —, denn woher den Mut nehmen -?!"

Das Ringen um diesen Mut bildet die verschwiegene Problematik des Malte-Buchs. Es lüftet seine Schweigsamkeit zum Schluß in der Frage nach dem „nicht-wiederliebenden Gott". Der Gott des „Stundenbuchs" hält den Menschen noch ermutigend umfangen: anders ging es schon zu auf den Straßen von Paris, die sich bevölkerten mit scheinbar Gottverlassenen, mit Schrecknis, Armseligkeit, Elend und Verderben. Jetzt heißt es, Mut erweisen an solcher Realität ebensowohl wie an dem Gespenstischen, dem Unheimlichen untergesunkener Erinnerungswirkungen - furchtlos. Die völlige Liebe zum Gott treibt nicht nur die Furcht aus - sondern sogar noch die Liebe, als das bloß Gefühlvolle, auf Gegenliebe Gerichtete, denn im tatsächlichen Eins-Sein würde jede Gegenübersetzung dazu fehlen: dieser Tatbestand selber trüge das Leben. Was Rilke beim frühern Anlaß: dem Verhalten zum handwerklichen Material, aufgegangen war, sucht hier am Innersten die Bewährung: Zugehörigkeit im letzten Sinn, über aller Sentiment-Beigabe hinaus. Aber noch bleibt es beim Anlauf darauf zu, bei einer letzten Distanz, die Tiefe der Not steigt nicht vollends hinab bis zum Gott. Und diese Distanz hat zur Folge, daß von nun an das Gotthafte etwas entfernter vom Leben erscheint - sich leise verjenseitigt. Bis - in den aus Verzweiflung und Sehnsucht durchbrechenden „Elegien" - an Stelle des Gottes die Engel stehen, die ebenfalls, nur eben anders, nichtwiederliebenden: nicht aus Eins-Sein mit dem Anbetenden, sondern aus ihrem Anders-Seim; das Entzücken, das sie erregen, nicht brüderlich beantwortend. Um deswillen sind die „Elegien" — Elegie; um deswillen heben sie an mit Aufschrei der Not: „Wer, wenn ich schriee, hörte mich denn aus der Engel Ordnungen?" Aber schon ist es der Jubelschrei zugleich des sich daran vollendenden Künstlers; nicht um ihn handelt es sich mehr, möge an der Not vergehen, wen sie umkrallt - die Einheit ist hergestellt nach Seite des Werkes: Die Engel sind geschaffen.

So erscheint das Malte-Buch wie umblitzt von Hoffnungen und Schrecknissen, gewitterhaft sich Ankündigendem; Persönliches noch umbiegend in Erfundenes und das Unpersönliche der Einsichten belichtend an der Breite von Erlebnissen wirklicher Tage. Mit der unbeschreiblichen Klarheit, womit der Dichter in Innerstes zu leuchten vermochte, legten sich ihm manchmal diese wechselnden seelischen Schichtungen dar, in denen er lebte wie auf unebenen Wegen zu Gott, auf denen er stieg und fiel und endlos weiterstieg. Ein viel späterer Brief darüber (von 1914,26. Juni, aus Paris, rue Campagne premiere) sagt es so:

„Dies muß es sein, je mehr ichs nachprüfe, daß ich eine Haltung habe (die, zu der ich mich in gewissen Arbeitsmomenten erzog), und meine Seele hat eine andere Haltung, die nächste, übernächste, und so dien ich ihr nicht mehr, und es dient ihr niemand. Sie ist die Glockenspeise, und Gott setzt sie immer wieder in Weißglut und bereitet die gewaltige Stunde des Gusses: aber ich bin noch die alte Form, die Form der vorigen Glocke, die eigensinnige Form, die das Ihre getan hat und sich nicht mag ersetzen lassen -, und so bleibts ungegessen. — Kann man so viel einsehn und sich doch nicht helfen?"

Zwei Jahre zuvor (Schloß Duino, 10. Januar 1912) stellte er, bekümmert von solchen Zuständigkeiten, fest, wie sehr sie ihn hinderten, sich zusammenzufassen:

„Ich ermüde mich daran; wie jemand, der auf Krücken geht, seinen Rock unter den Achseln immer zuerst durchscheuert, so wird meine einseitig abgenutzte Natur, furcht ich, eines Tages Löcher haben und dabei an ändern Stellen wie neu sein."

Wenn zum Schluß des Buches, der „verlorene Sohn" heimkehrt, und mehr und mehr klar wird, daß er gar nicht der Heimgekehrte, gar nicht der sei, als den die Seinen ihn erkennen, wenn feiernde verzeihende Liebe deshalb kein geringeres Mißverständnis darstellen würde als eine, die tadelnd oder zornig geblieben wäre: dann wiederholt sich darin die im Brief geschilderte Selbstzeichnung Rilkes. Man sieht allenfalls das an seinem Rock, was „wie neu" ist, weiß nicht, womit er sich inzwischen mühsam trug, und daß es Krücken waren. Nichts bleibt ihm übrig, als so tun, als mißverstände man ihn nicht, d. h. einherzugehn wie in erborgter oder täuschender Kleidung. Wenigstens beschützt dies sein Alleinsein, zwingt ihm kein Gebaren auf, das ihn sich selbst entfremdet. Das wurde für ihn ein von Jahr zu Jahr typischeres Erlebnis: Mißverständnisse geschehen lassen, um sich hinter ihnen unkenntlich zu erhalten. Er wußte es schon früh; er schreibt schon 1905 (am Dreikönigstage aus Oberneuland):

„Wo andere sich aufgenommen fühlen und

aufgehoben, fühle ich mich vorzeitig hinausgezerrt aus irgendeinem Versteck."

Er empfand auch das so, was man Ruhm nennt; nie reagierte jemand wissender, uneitler darauf. Aber andererseits enthielt auch der Ruhm, der breitere Ruf der Bekanntheit, eine ähnlich erleichternde Nebenwirkung wie die erwähnten Mißverständnisse überhaupt: auch er war eine bequem bereitgehaltene Form, ein bloß überzuwerfendes Kleid. Öfters sprach er davon, wie mühselig und kraftzehrend es ihm im Beginn gewesen sei, sich zu geben, zu äußern, ohne Trug und Mißlingen; denn, um das in naiver Unwillkürlichkeit geschehen zu lassen, dazu fühlte er den jeweiligen Zustand zu sehr als den eines Augenblicks und scheute (vor fremdern) Augen etwa ähnlich davor, wie er sich gescheut hätte, eine Beobachtung, eine Erzählung, eine Bemerkung, in allzu zufälliger, schlechtsitzender Form von sich zu geben. Das war das eingeborene Künstlertum, das nie ganz rastende Werkschaffende, das ihn in allen Poren durchdrang; es war auch dies, was ihn auch mündlich zu einem Erzähler allerersten Stils machte und mit ihm gemeinsam aufgenommene Eindrücke und Erlebnisse, selbst einfacher Art, zu unvergeßlichem Ereignis gestaltete.

Indessen, die von den Menschen verfertigte Schablone, in die er sich ohne weiteres bergen durfte, als er dafür „bekannt" genug war, bedeutete nicht lediglich Bequemlichkeit oder Erleichterung, sondern zugleich auch eine Art von Gefängnis, von Klausur. Er entsann sich eines kleinen Kinder-Erlebnisses, worin dies Schreckhafte, was mit drin steckt, zu wundersamer Drastik kam. Da sieht er sich vor einem Stehspiegel in einer selbstgewählten Vermummung (bei der dahingestellt bleibt, ob an ihr nicht vielleicht die kleine Renée heimlich auflebte). Anfangs belustigt es ihn, dann spannt es seine Neugier, ob er, Fratzen schneidend, noch imstande bliebe, sich selbst durch die Maskerade hindurch zu erkennen, allmählich wird es zur Bangnis vor der Unheimlichkeit des Fremdbildes - und endlich packt es ihn mit jähem Entsetzen, so daß er, angstvoll um sich schlagend, umsonst aus den Hüllen herauszustrampeln sucht, bis er, schweißbedeckt, bebend, mit dem Gefühl, erwürgt, erdrosselt zu sein, sterbebereit am Boden liegt. In dieser Erinnerung tut sich die ganze Doppeldeutigkeit auf von Selbstsein und Selbstdarstellung, von der Außenhülse, die das Leben schirmt, und von Weggegebenheit an sie als an den Tod.

Am tiefsten aber kam er zum Bewußtsein der Gefahr in alledem, als er sie mitten im Schaffen noch erkannte, als er auf sie wie auf eine unausrottbare Tragik stieß, die seiner schöpferischen Beschaffenheit als solcher eingefügt war. Rückblickend auf das Malte-Buch kommt er

(1911 aus Schloß Duino) zu folgenden Erwägungen darüber:

„Die gute Ellen Key hat mich natürlich umgehend mit dem Malte verwechselt und aufgegeben; aber niemand als Du, liebe Lou, kann unterscheiden und nachweisen, ob und wieweit er mir ähnlich sieht. Ob er, der ja zum Teil aus meinen Gefahren gemacht ist, darin untergeht, gewissermaßen, um mir den Untergang zu ersparen, oder ob ich erst recht mit diesen Aufzeichnungen in die Strömung geraten bin, die mich wegreißt und hinübertreibt. Kannst Du's begreifen, daß ich hinter diesem Buch recht wie ein Überlebender zurückgeblieben bin, im Innersten ratlos, unbeschäftigt, nicht mehr zu beschäftigen? Je weiter ich es zu Ende schrieb, desto stärker fühlte ich, daß es ein unbeschreiblicher Abschnitt sein würde, eine hohe Wasserscheide, wie ich mir immer sagte; aber nun erweist es sich, daß alles Gewässer nach der alten Seite abgeflossen ist und ich in eine Dürre hinuntergeh, die nicht anders wird. Und wärs nur das: aber der Andere, Untergegangene hat mich irgendwie abgenutzt, hat mit den Kräften und Gegenständen meines Lebens den immensen Aufwand seines Untergangs betrieben, da ist nichts, was nicht in seinen Händen, in seinem Herzen war, er hat sich mit der Inständigkeit seiner Verzweiflung alles angeeignet, kaum scheint mir ein Ding neu, so entdeck ich auch schon den Bruch daran, die brüske Stelle, wo er sich abgerissen hat. Vielleicht mußte dieses Buch geschrieben sein, wie man eine Mine anzündet: vielleicht hätt ich ganz weit wegspringen müssen davon im Moment, da es fertig war. Aber dazu häng ich wohl noch zu sehr am Eigentum und kann das maßlose Armsein nicht leisten, so sehr es auch wahrscheinlich meine entscheidende Aufgabe ist. Ich habe den Ehrgeiz gehabt, mein ganzes Kapital in eine verlorene Sache zu stecken, andererseits aber konnten seine Werte nur in diese'm Verlust sichtbar werden, und darum, erinner ich, erschien mir die längste Zeit der Malte Laurids nicht so sehr als ein Untergang, vielmehr als eine eigentümlich dunkle Himmelfahrt in eine vernachlässigte abgelegene Stelle des Himmels."

Die Himmelsstelle, so dunkel und entlegen, weil er sich bewahrt hat, die maßlose Verarmung durch ein völliges Drangeben des Persönlichen nicht geleistet hat, wodurch es mit aufgeflogen wäre in den Himmelsglanz der Auferstehungen, anstatt sein Gewicht daran zu hängen. In dieser Auffassung macht er auch sein Werk, das aus ihm Hinausgestellte, Nachaußengebrachte des Innersten, ebenfalls noch zu einer Umkleidung, die von ihm abgelöst, ihn nicht mitverwandelt, sondern, beraubt und frierend, ihn dennoch zurückläßt.

Auch das Werkhafte nimmt dadurch noch teil an jenem Zwitterhaften, das schillert zwischen Schein und Sein, Befreiung und Bedrängnis, Tod und Leben; es ist der letzte, stärkste Ausdruck dafür. Man kann es nicht streng genug von dem unterscheiden, was in andersartigen Konstitutionen die Entwicklung begleitet als Wesenszwiespalt oder Schuldbewußtsein: von dem, was sich die notwendige kämpferische Reibung eben dadurch ermöglicht, daß eins wider das andere steht und, in dem Maße, als es gelingt, das Getadelte, zu Bereuende abzutun, sich an solchen Opfern zu sich selbst emporringt. Im Gegensatz dazu handelt es sich hier nicht - um es mit dem populärsten Wort zu benennen - um „böse" oder „gut", „sündig" oder „ideal", es steht gleichberechtigte Macht gegen Macht, beide von gleicher Schicksalshaftigkeit -der Mensch erliegt ihr nicht nur, er besteht in ihr selber, und wenn er gegen sie murrt, so gegen das Schicksal, das er ist. Er leidet daran so, wie wenn eine Muschelschnecke ihr Häuschen als eine Verkrüppelung trüge und dessen Verlust auch mit dem Tod kaum zu teuer bezahlt erachten würde, - fast ebensogut aber finden könnte, die Muschel überwölbe sie stattlicher, als sie selbst sei, und es sei nur gerechtfertigt, ihre ganze Lebensarbeit an deren Festigung und Schnörkelrundung dranzugehen.

Solche mißempfundene Behausung ist für Rilke seine Leiblichkeit, dies Nichtaufarbeitbare in den schöpferischen Vorgang, und nur darin, nicht aber im Asketensinn oder irgendwie moralistisch verstanden, ist es das Bestrittene und Gefürchtete. Es enthält dasselbe schöpferische Prinzip, wenn auch unübersetzbar ins andere, es enthält insofern auch dessen Spiegelbild - wie zum Hohne: es wird dadurch etwas Nachäfferisches, das versucherisch beirrt. Seine Klagen über körperliche Störungen, so zahlreich in diesen Briefen, in denen er sich rückhaltlos nachgab in seiner großen Not, müssen gelesen werden, als schriebe er über Immenses, indem er über Körper schreibt: so immens wie dasjenige, worin sich ihm schöpferische Vision verkörperte. Er ruft jedes dieser Worte vom Kreuz herab, an das er genagelt ist, das ihn gewaltsam hochgereckt hält, bis daß er alle sieben Worte ausgesprochen (hinter deren allen sieben das eine Wort gemartert steht: „Mich dürstet").

Briefstellen aus frühen wie späten Jahren bezeugen es.

„Ich quäle mich - wie ein Hund, der einen Dorn im Fuß hat und hinkt und leckt, und bei jedem Auftreten ist er nicht Hund, sondern Dorn, etwas, was er nicht begreift und nicht sein kann." —— Nur acht, ja nur drei Tage jener Verfassung die man ‚Wohlsein' nennt, d. h.

körperlicher Neutralität (das Nicht-Partei-Nehmen des Körpers) - und die Macht in mir überwöge und nähme sich meiner an, statt daß ich es bin, der diese Macht herumschleppt wie ein kranker Vogel das Gewicht seiner Flügel."
Und im ersten Teil des Briefes:
„In meiner Lage -, wo es darauf ankam, das Geistige in gefährlichster Schwebe zu erhalten, es dem Himmel und der Erde ohne Absehn auszusetzen, lag es so nahe, daß der Körper, in seiner Dumpfheit, aus dieser Einstellung das böseste Beispiel zog, sich zum Affen des Geistigen machte und in seinen eigenen Zuständen, über dem mindesten Anlaß, auf seine Art produktiv wurde." (Paris, 4. Juli, 1914.)

„— eine Seele, die darauf angewiesen ist, sich in den immensen Übertreibungen der Kunst zu harmonisieren, müßte auf einen Körper rechnen dürfen, der ihr nichts nachäfft und präzise ist und sich nirgends übertreibt. Mein Körper läuft Gefahr, die Karikatur meiner Geistigkeit zu werden." (Schloß Duino 1912, 20. Januar.)

Und vom 16. März:
„Manchmal entdeck ich mich wie unterwegs zu einer Freude, neulich vor einem Goldlack, der aus der alten Mauer aufblüht, — aber als kam ich nicht mehr bis hin, es bleibt bei einem sich Auf-die-Freude-Freuen, — — — und mir

verringert sich alles durch die Wehmut, es früher gekonnt zu haben —. Seltsam, Lou, dagegen erreich ich in den Untergang, wo er sich zeigt, mit so heftigem Verstehen, daß es kein Aufhalten gibt; zufällig las ich neulich Abend den Brief, in dem Montaigne den Tod seines Freundes de la Boëtie berichtet: ich konnte hernach vor Weinen nicht einschlafen."

Eine Seite zuvor:

„Meine Natur will so gern, aber ich helfe ihr nicht, das ist das Arge, ich bin eigentlich mit dem Versucher, und er stellt mich an, in seinem Dienst alles das Häßlichste zu tun, für das er sonst keinen findet."

In einem schon erwähnten Brief:

„- Gewohnheiten, durch die man früher immer wieder durchgriff wie durch schlechte Luft, verdichten sich mehr und mehr, und ich kann mir denken, daß sie mich eines Tages einschließen wie Wände." Aber wie „mit Wänden" umschließt ihn seine Leiblichkeit schon als solche: sie, am meisten von allem das Gefängnis, das ihn nur äfft, als stelle es ihn selber dar, grenze ihn vom Fremden ab, während es ihn von sich selbst absperrt, ihn vergewaltigt. Er liegt darunter wie begraben, machtlos geknebelt. Selten nur, scheint ihm:

„- werde ich wirklich, bin, nehme Raum ein wie ein Ding, laste, liege, falle, und eine Hand kommt und hebt mich auf. Eingefügt in den Bau einer großen Wirklichkeit fühl ich mich dann als ein Tragender auf tiefem Unterbau, rechts und links von Tragendem berührt. Aber immer wieder, nach solchen Stunden des Eingefügtseins, bin ich der fortgeworfene Stein, der so müßig ist, daß das Gras des Nichtstuns Zeit hat, auf ihm lang zu werden. Und daß die Stunden dieses Fortgeworfenseins nicht seltener werden, sondern nun fast immer dauern, muß mich das nicht bange machen? Wenn ich so liege und zuwachse, wer wird mich finden unter allem, was auf mir wächst? Und bin ich nicht vielleicht schon lange zerbröckelt, dem Lande fast gleich, fast ausgeglichen, so daß irgendeiner von den traurigen Wegen, die kreuz und quer gehen, über mich führt?" (Rom, Via del Campidoglio 1903)

Die Vorstellung des Absperrenden, Beengenden versucht umsonst, den Tod zu überwinden in einem All-Lebenswunsch, in dem die Wände sich weiten zur ersehnten Ganzheit; es bleibt die Trostlosigkeit, in ihrem stärksten Ausbruch festgehalten in einem Notizblatt aus Spanien, das er mir einmal zuschickte:

„Ronda, am Dreikönigstag 1913. Eigentlich war er längst frei, und wenn ihn etwas am Sterben hinderte, so wars vielleicht nur der Umstand, daß er es schon einmal irgendwo übersehen hatte, so daß er nicht, wie die ändern, daraufzu weiter mußte, sondern dazu zurück. Sein Geschehn war schon draußen, stand in den überzeugten Dingen, mit denen die Kinder spielen, und ging in ihnen zugrund. Oder es war gerettet im Aufschaun einer Fremden, die vorüberkam, wenigstens verließ es sich dort auf seine Gefahr. Aber auch die Hunde liefen damit vorbei, beunruhigt und sich umsehend, ob er es ihnen nicht wieder wegnähme. Wenn er aber vor den Mandelbaum trat, der in seiner Blüte war, so erschrak er dennoch, es so völlig dort drüben zu finden, ganz übergangen, ganz dort beschäftigt, ganz fort von ihm; und er selber nicht genau genug gegenüber und zu trübe, um dieses sein Sein auch nur zu spiegeln. Wäre er ein Heiliger geworden, so hätte er aus diesem Zustand eine heitere Freiheit gezogen, die unendlich unwiderrufliche Freude der Armut: denn so lag vielleicht der heilige Franz aufgezehrt und war genossen worden, und die ganze Welt war ein Wohlgeschmack seines Wesens. Er aber hatte sich nicht rein geschält, hatte sich aus sich herausgerissen und Stücke Schale mit fortgegeben, oft auch sich (wie Kinder vor Puppen tun) an einen eingebildeten Mund gehalten und geschmatzt dabei, und der Bissen war liegen geblieben. So sah er jetzt dem Abfall gleich und war im Weg, soviel Süße auch in ihm gewesen sein mochte."

„Dies schrieb ich heute früh in mein

Taschenbuch, Du wirst merken, um wen sichs handelt. Gestern kam Dein guter Brief. Ja, die zwei Elegien sind da -, aber mündlich kann ich Dir sagen, ein wie kleines und wie scharf abgebrochenes Stück sie bilden von dem, was damals in meine Macht gegeben war. Verhältnisse und Kräfte wie zur Zeit, da das „Stundenbuch" begann -: was wäre nicht alles gehoben worden. —"

Das „Stundenbuch", war zur Zeit seiner Entstehung nicht für den Druck bestimmt, und es kostete seinem Verfasser einen großen Kampf, ehe er nach fünf Jahren (1905) sich dazu entschloß, es herauszugeben. Ein paar Jahre lang hatte er es nicht wiedergesehen; nachdem ich es ihm gesandt, schrieb er aus Worpswede:

„Das alte schwarze Buch wieder in Händen zu halten, das war Wiedersehen; und so, wie es war, gewoben aus Freude, Erkennen, Sehnsucht und Dank, Unterwerfung und Aufrichtung, schien es ein gesteigertes Vorgefühl jenes ändern Wiedersehens, an das ich denke.

„Die alten Gebete klangen wieder—in dieser grauen Zelle hier; sie klangen so unverwandelt verwandt, und wie damals war ich der Turm, dessen große Glocken zu läuten beginnen, so schwingend im Innern, so bebend bis in die Fundamente, so weit hinausreichend aus mir selbst. So sehr hinreichend zu Dir. Wie nah war mir alles, wie von Angesicht zu Angesicht.

„Wie sehnt man sich danach — nur einmal wieder in sich die Hand zu fühlen, die die Lerchen so hoch in die Himmel wirft."

Was man aber nicht erwartet, ist, daß nach Herausgabe des „Stundenbuches" in ihm die Vorstellung aufkam: der „Malte Laurids Brigge" würde sein letztes Werk. Manchmal spielte er nur mit dem Gedanken, manchmal lebte er aber auch darin, ja lebte darin auf. Befreit sein vom schöpferischen Zwang des Schaffens, hieße auch befreit vielleicht von der Gegenmacht dessen, was, im Leib-Geist-Streit sich dran überspannend, alle natürliche Gesundheit in Verzerrungen zwang.

„— wenn der merkwürdige Hintergedanke, nicht mehr zu schreiben, den ich mir während der Beendigung des „Malte" öfters als eine Art Erleichterung vor die Nase hängte, mir wirklich ernst wäre. — Du mußt nicht lachen, aber wochenlang, gegen den Abschluß des „Brigge" zu, hatte ich das Gefühl, ich könnte noch Arzt werden hernach, studieren und dann Arzt irgendwo auf dem Lande. –" Dies schreibt er noch 1912 (Ende Januar aus Duino). Landarzt zu werden, hatte er als Knabe, noch als Jüngling, ersehnt - wobei „Land" hier steht für Einklang mit aller Natur und „Arzt" für die Bürgschaft, daß Gesundung zu erreichen und immer neu an ändern zu erweisen möglich sei.

Aber ebenfalls 1912 waren die beiden ersten Elegien ins Dasein gerettet worden, die er im vorhergehenden Brief erwähnt. Und damit war der Dichter unter allen Umständen, selbst drangsaldrohendsten, seiner Berufung gerettet. Überlegt man jedoch die Länge der Zeit - die annähernd zwei Jahrzehnte -, die ihn noch trennen sollten von dem Zusammenschluß der Elegien, so ahnt man, was zutiefst in ihm anrang gegen diese seine Berufung, ahnt den heimlichsten Sinn des „Nicht-mehr-schreiben-Wollens". Das Malte-Buch stellt in der Tat eine „hohe Wasserscheide" dar, die Entscheidung: ob das „maßlose Armsein" zu leisten möglich sei, der Verzicht auf eigenen Natur-Einklang, die Selbstopferung für die Werk-Wirkung auf andere.

Eine von Rilkes Dichtungen aus den Jahren vorher wurde veranlaßt durch eine verwandte Konfliktlage zwischen Kunst und Leben: das ist sein „Requiem", soweit es sich auf Paula Moderson-Becker bezieht. Daß sie aus ihrem Schaffen gerissen wurde und in den Tod, infolge der Geburt des - von ihr ersehnten - Kindes, das wühlte in ihm seine geheimste eigene Fragestellung an das Leben auf. In der Mutterschaft verwirklichte sich die schöpferische Einheit von Leib und Geist und — riß damit das Weib vom Werkschaffen, so, wie ihn umgekehrt der sterile Widerstand des

Leiblichen gegen letzte geistige Vereinheitlichung beinahe in Schaffensentsagung gestoßen hätte. Es war ja von jeher das Mysterium am weiblichen Schicksal, was ihm alle Mädchen zu Schwestern werden ließ: es war dies und nicht, wie leicht gemeint wurde, mädchenhafte Scheu des Jünglings, die seine vielen frühen und immer wieder anhebenden Mädchenlieder so zart und wehmutstief erklingen ließ. Im Leibschöpferischen des Weibtums, in dem, wodurch das Weib zeugend, nährend, schützend, führend wurde, steckt dessen gleichsam männlicher Einschlag, der eine verborgene Gemeinsamkeit um beide Geschlechter schlingt: die beide nach dem Geburtsakt verlangen als nach dem Ausdruck ihrer eigensten Wesentlichkeit, ihres Lebens über sich hinaus.

In die Jahrgänge, nach dem Malte-Buch fallen vornehmlich Rilkes Übertragungen, die sich sämtlich mit der Verherrlichung von Frauen befassen. Dahin gehören: Die „Vierundzwanzig Sonette der Louïze Labé", die „Portugiesischen Briefe der Marianna Alcoforado", die „Liebe der Magdalena"; hier war es der andere Zug am Weiblichen, der ihn hinriß, - richtiger: dessen Hingerissenheit er stürmisch für sich verlangte; sich rückhaltlos, gegen sich selbst so rücksichtslos, wie es im Muttertum geschieht, auch in der Liebe zu verströmen, die Liebe zu leisten als die große Aufgabe des

Reichtums, den sie aufschließt und löst, und gegen den das Glück des Geliebtwerdens kleinlich wird. Die Leistung ohne Gegenliebe: das allein würde die Angst des Selbstzerstörerischen im Schaffen wegnehmen, das allein hieß erst: das Schaffen auf sich nehmen. Eine ganze Weile lang wirkte der Maltesche Gedanke an den „nichtwiederliebenden Gott" darin nach; noch Jahre später schrieb er:

„Du weißt von meinen Plänen zu einer Rede über die Gegenliebe Gottes, eine Notiz, die ich kürzlich irgendwo las, brachte mir das wunderbare Verhältnis in Erinnerung, das Spinoza muß aufgestellt haben durch seine Einsicht in die Unabhängigkeit des Gottliebenden von jeder Erwiderung Gottes: so daß ich ja wohl gar nicht weiterdenken dürfte als über diesen Weg. Was von Spinoza müßte ich lesen, um mich darüber zu unterrichten? — Hättest Du die betreffenden Bände? — — "

Dabei entschwand ihm, daß das für ihn eigentlich Bedeutsame an diesem Problem ganz woanders lag als im spinozistischen Verhalten eines Philosophen oder dem erotischen der großen Liebenden, die sich ans Objekt hingeben - selbst ohne Gegenliebe. Was ihn darin so tief traf, war im Grunde fast das Entgegengesetzte: durch die Gewalt der Liebe nicht nur das Abtun der Gegenliebe, sondern auch, sozusagen, des

Objektes selbst. Was vulgär ausgedrückt liegt im meist recht mißverständlich gebrauchten Philinenwort: „Wenn ich dich liebe, was gehts dich an!", kann so wenig „selbstlos" liebend gemeint sein, daß es heißen könnte: „Stör mich dabei nicht!" - d. h. es kann einem infantilen, noch nahezu objektlosen Sichgehenlassen im Triebhaften, einem auf sich rückgewendeten Phantasie-Spiel gleichkommen. Für den Dichter entsprach es einfach der Ansatzstelle seiner herrlich stark ins Künstlerische aufgearbeiteten Erotik, entsprach dem Schöpfertum, das gewissermaßen nicht des Einzelobjekts, sondern des insgesamten Kosmos bedarf, um sich daran zu wenden, und das deshalb nur durch eine verwechselnde Selbsttäuschung meinen kann, auch menschlich und persönlich der Objektliebe zu gelten, und deshalb nach Gegenliebe verlangt.

Oft genug, im Anschluß an Menschen, empfand er selbst das „Unwirkliche" daran, auch wo er sich fast zu weit erschlossen hatte. Schon 1905 schrieb er. (Mitte August aus Oberneuland):

„- es ist nur Eins in mir, und ich muß entweder verriegelt bleiben (d. h. schweigen oder schwätzen —) oder aber mich öffnen, wobei denn mein einziger Wohner sichtbar wird. Diese Beschaffenheit meines Inneren, die fehlerhaft ist, schließt mich eigentlich von allem

Verkehre ab, da er in dieser Form nur zu Mißverhältnissen und zu falschem Verstehen führt und mich in von mir nicht gewollte Beziehungen rückt, unter denen ich leide und von denen mir mancher gefährliche Rückschlag kommen kann. Es ist bezeichnend, daß ich alle meine „Freunde" auf solche unredliche Art gewonnen habe, weshalb ich sie auch nur schlecht und ohne gutes Gewissen besitze. Nur so war es auch möglich, daß ich einen ganzen Haufen Freunde gewann, die mir für meine fortwährende Ausgabe nichts wiedergeben konnten, und daß überhaupt keiner mir erwidern kann, weil ich rücksichtslos und brutal, ohne Bezug auf den Ändern, gebe, ablade— —"

Und in genau dem gleichen Ton noch 1911 (aus Duino):

„Liebe Lou, es steht schlecht mit mir, wenn ich auf Menschen warte, Menschen brauche, mich nach Menschen umsehe: das treibt mich nur noch weiter ins Trübere und bringt mich in Schuld; sie können ja nicht wissen, wie wenig Müh, im Grunde, ich mir mit ihnen gebe —"

Dabei veranschlagte er zu gering, was ihm Günstiges durch menschliche Anschlüsse widerfuhr: denn sogar wenn es Ablenkungen waren, hatten sie noch die große Wichtigkeit, daß sie eine Abfuhr von Erregungen nach außen ermöglichten, anstatt alles in ihm selber aufzustauen. Ein starker Teil seiner, bald mehr hypochondrischen, bald mehr schmerzhaften, körperlichen Überempfindlichkeiten war das Ergebnis seiner Zurückgeworfenheit auf den eigenen Körper; er braucht immer die gleichen Ausdrücke dafür - für diese Sensation von „Schwellungen" und „Entspannungen", „Hochgeschwollenes" unter einem „Tropfen Säure", der es gewaltsam zusammenzieht; Beteiligung daran von Seiten auch des Gesichts (Kehle, Zungenwurzel, Stirn, Augen, Hals). Aber jedesmal, wenn eine Partnerschaft ihn vorübergehend vom leiblichen und seelischen Einsinken in sich befreite, ist es wieder am gleichen Ende:

„Da bin ich wieder einmal, nach einer langen, breiten und schweren Zeit   nicht stark und ehrfürchtig aufgelebt, sondern zu Ende gequält, bis sie zugrunde ging (worin mirs ja nicht so leicht einer nachtut) — —"

1915 faßt er es nochmals zusammen:

„die schmerzhafte Sicherheit, daß mir in jedem Zusammensein Gewalt geschieht, Schrecken, Flucht, Rückweg, ins verfallene Alleinsein." Und dennoch bleibt - Gesundheitszeichen und unvermeidlich — das Verlangen nach menschlicher Auslösung und Erleichterung:

„— nicht als eine Weggabe der Einsamkeit, nur wenn sie weniger in der Luft hinge, wenn sie in gute Hände käme, verlöre sie ganz die

Nebengeräusche des Krankhaften — und ich brächte es in ihr endlich zu einiger Kontinuität, statt sie, wie einen verschleppten Knochen, unter lautem Hallo von Gebüsch zu Gebüsch zu tragen."

Die Möglichkeit aber, dies zu ändern, hing an einer unerfüllbaren Grundbedingung. Er sah früh ein, daß sein Mißlingen in Wahl und Maß nicht nur „eine Schwäche der seelischen Schließmuskeln" bedeutete. Die produktive Stunde hängt ja auch nicht nur von ungestörter Versunkenheit ab, sondern nicht minder davon, daß die richtigen Eindrücke den Anlaß, die Gelegenheit für sie ergaben; kann man doch geradezu sagen (und hat es oft genug vermerkt), der Schaffende begegne schließlich nur noch dem, bemerke nur noch das, was seine Stunde heraufzubeschwören geeignet sei, indem es sich in unfaßbaren Rapport setze mit dem Allertiefversunkendsten, Urgründlichsten in ihm. Diese geheime Bezogenheit war in Rilke gestört, weil er sie unterwegs dorthin gehemmt erhielt, weil er ihre Berührung mit seinen ältesten und verborgensten Erinnerungsmöglichkeiten nicht wagte. „Les impressions, au lieu de me pénétrer, me percent", schrieb er noch viele Jahre später in dieser Furcht, nachdem er viele Jahre zuvor (1903, am 25. Juli) schon beschrieben hatte, wie das von außen her Empfangene sich am Ende in ihn hineinverliere.

„Es — — fällt, fällt jahrelang, und schließlich fehlt mir die Kraft, es aus mir aufzuheben, und ich gehe bang mit meinen beladenen Tiefen umher und erreiche

sie nicht. — — ich — lasse meine entlegenen Ernten altern und sich überdauern."

Von daher, beim Anknüpfen von Beziehungen, der hinderliche Argwohn, er wolle durch sie nur sich selbst entlaufen und dem, was ihm zu tun oblag: von daher der Selbstvorwurf, daß er damit doch nur fälsche und trüge. Und andererseits die stete Gefahr, daß der Drang nach aufgehaltener innersten Erledigung, nach den vollzogenen „Ernten", sich nach der entgegengesetzten Richtung verkehre, umdrehe, ins maßlos, wahllos Zufällige, in unaufhaltsame Verlorenheit. Ergreifend überzeugend malen das einmal die klagenden und anklagenden Worte:

„Paris, 26. Juni 1914:

Ich bin wie die kleine Anemone, die ich einmal in Rom im Garten gesehen habe, sie war tagsüber so weit aufgegangen, daß sie sich zur Nacht nicht mehr schließen konnte! Es war furchtbar, sie zu sehen in der dunkeln Wiese, weitoffen, immer noch aufnehmend in den wie rasend aufgerissenen Kelch, mit der viel zuvielen Nacht über sich, die nicht alle wurde. Und daneben alle die klugen Schwestern, jede zugegangen um ihr kleines Maß Überfluß. Ich bin auch so heillos nach außen gekehrt, darum auch zerstreut von allem, nichts ablehnend, meine Sinne gehen, ohne mich zu fragen, zu allem Störenden über; ist da ein Geräusch, so geb ich mich auf und bin dieses Geräusch, und da alles einmal auf Reiz eingestellte, auch gereizt sein will, so will ich im Grunde gestört sein und bins ohne Ende. Vor dieser Öffentlichkeit hat sich irgendein Leben in mir gerettet, hat sich an eine innerste Stelle zurückgezogen und lebt dort, wie die Leute während einer Belagerung leben, in Entbehrnis und Sorge. Macht sich, wenn es bessere Zeiten gekommen glaubt, bemerklich durch die Bruchstücke der Elegien, durch eine Anfangszeile, muß wieder zurück, denn draußen ist immer die gleiche Preisgegebenheit. Und dazwischen, zwischen dieser ununterbrochenen Hinaussüchtigkeit und jenem mir selbst kaum mehr erreichbaren innern Dasein, sind die eigentlichen Wohnungen des gesunden Gefühls, leer, verlassen, ausgeräumt, eine unwirtliche Mittelzone, deren Neutralität auch erklärlich macht, warum alles Wohltun von Menschen und Natur an mich vergeudet bleibt."

Aus Schloß Duino schon schrieb er (Januar 1912): „Wie oft geschieht es mir nicht, daß ich gewissermaßen als ein Chaos aus meiner Stube trete, draußen, von jemandem aufgefaßt, eine

Fassung finde, die eigentlich die seine ist, und im nächsten Moment, zu meinem Staunen, gut geformte Dinge ausspreche, während doch eben noch alles in meinem ganzen Bewußtsein völlig amorph war."

In all den Jahren kennzeichnen viele und weite Reisen den immer wieder durchbrechenden Willen nach Eindrücken von außen; Skandinavien, Italien,, Frankreich, Spanien, Ägypten; am schwersten setzte ihm noch lange hinterher die ägyptische Reise zu, in die er unter menschlich unmöglichen Verhältnissen sich zerren ließ -:

„- daß ich Sitz und Haltung verlor und schließlich nicht anders mitkam als einer, den ein durchgegangenes Pferd abgeworfen hat und auf und ab im Bügel mitschleift."

Auch im Rückblick verstand er es nicht, humorvoll zu nehmen, sondern vermerkt noch ein Jahr später (Schloß Duino, März 1911):

„- jenem Schweren, das ich im vorigen Jahr durchzumachen hatte und von dem ich mir denken könnte, daß es mir in der Seele einen innern Schaden getan hätte, nicht weil es schwer, sondern weil es falsch war, nicht weil es überanstrengte, sondern weil es verbog."

Unendlich bezeichnend für ihn ist es, wie ihm die Natur selbst, durch ihr Kreatürliches, einen Tadel dafür zukommen zu lassen scheint:

„- als mich in Kairouan, südlich von Tunis,

ein gelber kabylischer Hund ansprang und biß (zum erstenmal in meinem Leben, in dem das Verhalten der Hunde nicht ohne Bezug war), da gab ich ihm recht, er drückte nur auf seine Art aus, daß ich völlig im Unrecht sei, mit Allem."

Bei längern Aufenthalten hat Rilke auffallend häufig in Schlössern, Burgen, Türmen seinen Wohnort gehabt: zum Teil durch Zufall, infolge der Befreundungen, die das veranlaßten, jedoch auch aus einer Neigung dazu, die man oft genug lächerlich falsch ausgelegt hat, ebenso wie den Umstand, daß ihm Anschluß an alte Adelsgeschlechter willkommen war. Tatsächlich verband sich das mit ähnlichen Bedürfnissen, wie dasjenige nach einer festen Umhüllung, gewissermaßen Attrappe, worin man ohne weiteres aufgehoben war, ohne sich erst eine Verschalung zu bauen. Eine Symbolik waltete da: was von so lang, langher sicherstand und seine Bedeutung unverlierbar besaß, beruhigte ihn, hob seine Preisgegebenheit symbolisch auf, ebenso wie langher gekannte Geschlechter ihm in den einzelnen Menschen „vorhandener", gleichsam irgendwo nachschlagbar - nicht erst mühsam festzustellen - waren. Aber auch den Doppelcharakter teilte das mit der „Attrappe", daß all dies Gesicherte zugleich Gefangennahme war, Zwang ausübte; sogar von Duino, der geliebten Geburtsstätte der ersten Elegien, schreibt er (1911), daß es einen

„mit seinen immensen Mauern ein bißchen wie einen Gefangenen hält". Auch trieb es ihn schließlich immer wieder fort, in der zunehmenden Unruhe, daß, was sich in Duino angekündigt hatte, nicht durchbrach. Es sollte noch ein Jahrzehnt Zeit dafür brauchen. Aus Duino hatte er 1911 geschrieben:

„Es ist das Furchtbare an der Kunst, daß sie, je weiter man in ihr kommt, desto mehr zum Äußersten, fast Unmöglichen verpflichtet."

Während er in Göttingen weilte, schrieb er in mein Tagebuch die Worte ein:

„- habe es nötig zu erfahren, daß Größe nicht Überanstrengung sei, sondern Natur."

Und an einem anderen Tag die Verse:

„Wird mir nicht Nächstes? Soll ich nur noch verweilen? (Öfter mein Weinen zerstörts und mein Lachen verzerrts);

aber manchmal erkenn ich im Schein der hellen Flamme vertraulich mein inneres Herz. Jenes, das einst so innigen Frühling geleistet, ob sie es gleich in die Keller des Lebens verbracht. O wie war es sofort zum größesten Gange erdreistet, stieg und verstand wie ein Stern die gewordene Nacht."

Im Herbst 1913, bei einem gemeinschaftlichen Aufenthalt im Riesengebirge (wohin wir von München über Hellerau gereist waren), fand ich in mein Tagebuch Goethes Bemerkung aus der „Italienischen Reise" eingetragen:

„denn wir ahnen die furchtbaren Bedingungen, unter welchen allein sich selbst das entschiedenste Naturell zum Letztmöglichen des Gelingens erheben kann ..."

Hin und wieder kamen getrostere Briefe. Oder, wenn sie auch düstere Bedenken gebeichtet hatten, schlössen sie mit einem Wort, dem man das Lächeln anmerkte, womit er sich dann zufrieden gab:

„So, - nun hat Dein alter Maulwurf Dir wieder einmal was vorgegraben und lauter dunkles Erdreich aufgeworfen, quer über einen guten Weg. — Zu Dir red ich so Inneres, wie die Menschen im Alten Testament, ein ganzes Spruchband: denn was da in Deines Lebens brennendem Dornbusch steht, das ist genau das, was auch über mich Macht haben soll."

Im Juli 1914 weilte Rilke abermals in Göttingen, und ich entsinne mich der Stunden, in denen wir heiter miteinander waren. Seine übergroß werdenden Augen wurden dann schmal, und von ihm ging echter Humor aus, voll Kindlichkeit, die einem das Herz froh machen konnte. Unendlich früh des Morgens waren wir auf, wanderten barfuß durch taunasse Wiesen, wie es seit den Wolfratshausener Tagen unser gemeinsames Vergnügen blieb. Der Juli damals war heiß und klar, reich an Beeren und Rosen und gesättigt von Sonne.Der Umstand, daß Rilke von Paris herübergekommen war, entzog ihn vielleicht der Gefahr der Internierung. (Seine Pariser Sachen wurden bald beschlagnahmt; nach etwa einem Jahrzehnt erhielt er sie in Paris teilweise zurück.)

Denn nun kam der Krieg.

Rilke war zu seinem Verleger nach Leipzig gereist, ich nach München, wo wir bald wieder zusammentreffen sollten. Bei Kriegsausbruch nahm ich an, er werde nicht mehr abreisen können, und fuhr mit letzter Zugmöglichkeit heim. Er nahm von mir aber das gleiche an, eilte fort, und so reisten wir aneinander vorbei. Rilke war in der Jugend als dienstuntauglich erkannt worden; nach dem zweiten oder dritten Sichstellen damals meldete 1897 ein Telegramm nach Wolfratshausen: „Frei und bald wieder froh." Dennoch kams im Verlauf der Kriegsjahre zur Einziehung, wenn auch nicht zum Einrücken, da er während der Übungen unter seinem Tornister zusammenbrach; um dann, für eine Weile, dem Pressedienst in Wien zugeordnet zu werden.

Der Krieg hörte nie auf, für ihn etwas darzustellen, worüber das spätere Erleben nicht mehr hinwegkonnte: wenn die Sehnsucht danach ging, das Ehemalige wiederherzustellen, des Vergangenen Herr zu werden für neue Zukunft, so sträubte sich, nicht minderstark, das Gefühl, vergessen zu sollen, was geschehen, als müßte sonst die Wirklichkeit selbst daran gespenstisch werden.. So schildert Rilke nach dem Krieg (1920, aus Schloß Berg im Kanton Zürich) einen Eindruck, den die Wiederkehr nach Venedig ihm gemacht, wo er sich in der Vorkriegszeit mit Fürst und Fürstin von Thurn und Taxis und dann mit der Duse aufgehalten hatte:

„Mein Wunsch, alles unverändert zu finden, möglichst unverändert, ging so wörtlich in Erfüllung, daß man immerfort am Rande stand, über die unsäglichen Jahre hinüber, die bloße Wiederholung, das Nocheinmal zu erleben, was in unheimlichster Weise möglich war: denn die Umstände wurden ja immerfort auf ihre Gleichheit hin angesprochen, das Herz aber, dessen Angehaltensein während der Kriegsjahre Schuld trug, daß es auch sein Äußerstes und Lebhaftestes war, unverwandelt zu sein, - nahm das von einsther Gleiche auch in der gleichen Verfassung hin: und da brach eben jene Nichts-als-Wiederholung herein, die mich beinah mit Entsetzen erfüllte, wenn ich sie nur von ferne voraussah. Als ich zu allem Überfluß erfuhr, die Düse sei angekommen, krank, um in Venedig Wohnung zu suchen, da schien mir, daß auch nun dieses sich wiederholen sollte, so fürchterlich, daß ich von einem Tag zum ändern davonreiste und zurück in die Schweiz." Dementsprechend hatte ihn nichts so tief erschreckt wie die Tatsache, daß er den ihn überwältigenden Eindrücken zuletzt nur noch durch ein „Angehaltensein des Herzens" nachkommen konnte und die Fühlfähigkeit hilflos überstiegen fühlte. Er klagt es noch 1919 (13. Januar aus München):

„Liebe, liebe Lou, wie bin ich doch außer Fassung, mein Innerstes hat sich zurückgezogen und geschützt und gibt nichts her, und mein Nicht-annehmen-Wollen von außen ging so weit, daß schließlich nicht allein der Krieg, sondern selbst die argloseste und reinste Natur nicht mehr an mich heranwirkte. Nie bin ich vom Wind aus dem Raum, von Bäumen, von den nächtlichen Sternen, so unerreicht gewesen; seit ich das alles aus der bösen Verkleidung des Infanteristenrocks heraus anstarren mußte, hats eine Abwendung erfahren, jene Unbezüglichkeit, zu der ich es damals nötigte, um mirs nicht zu verderben."

Hier tritt zu dem, was Rilkes menschliche Leidensfähigkeit ausmacht, noch eine persönliche Besonderheit hinzu: der „Infanteristenrock" ist nicht nur der der Kriegszeit, sondern auch der seiner Militärschulzeit, deren Erinnerung in sich heraufzurufen er sich nie hatte entschließen können, die zu jenen letzten dunkelsten Erinnerungen gehörte, vor deren heimlicher Wucht er sich gewaltsam abgekehrt verhielt. Auch die „Wiederkehr des Gleichen" in Venedig entnimmt noch ihren betäubendensten Schrecken dieser Vorstellung, daß etwas unberührbar Vergangenes plötzlich sich als Gegenwart erweisen könnte, als lägen nicht unausgefüllte Abgründe - das Leben selbst - zwischen Einst und Jetzt. Wobei zugleich die bebende Ahnung besteht - ja zitternde Sehnsucht besteht -, das so Heraufbeschworene mit dem eigenen Leben zu einen, als erlöse dies das Leben erst aus seiner bösen Verwunschenheit zu allem guten Schaffensmut.

Er rang damit noch, nachdem er schon in die Schweiz übergesiedelt war, es verstörte ihm die Arbeit; noch aus Château de Muzot klagt er 1921:

„Eine unglaubliche Schwierigkeit der Konzentration ist mir aus der Unterbrochenheit der Kriegsjahre nachgeblieben." Das Kriegserleben mußte eine Verstörung neuer Art in seinen Erfahrungen bewirken, denn eins hatte er ja immer großmütiger verlernt: auf die Außenwelt als den Schuldigen abzuladen, was ihm qualvoll war. Jetzt erfuhr man so ganz die wirkliche Preisgegebenheit nach außen, und als eine solche, die Menschen untereinander sich antaten. Im dritten Kriegswinter und -frühling, den wir beieinander in München zubrachten, wurde mir Tag um Tag die Schwere deutlich, womit dies Schicksal ihn bedrängte. Und dennoch glaube ich: er war damit schon ein Stück weiter als wir ändern: von mir wenigstens weiß ich es, daß ich ihm in einem Punkt erst nachkam, und der erscheint mir als ein Hauptpunkt. In dem nämlich, was er in sich selbst durchlitten hatte in jahrelanger Qual, hatte er etwas vorweggenommen vom tiefsten Erleiden dieser Zeit. Denn - weit hinweg über alle Meinungs- und Vaterlandsunterschiede - war es nicht vor allem erschütterndes Innewerden dessen, was wir Menschen sind? - ein Innewerden für jeden, in all den Völkern, ganz einzeln, ganz persönlich, wie fern der betreffende Einzelmensch auch, im Denken und Handeln, dem Geschehenden gestanden haben, wie unveranlassend er sich ähnlichen Geschehnissen gegenüber fühlen mochte. Die Einsicht, wer wir Menschen sind, denen solches untereinander geschehen kann, wirft Betroffene und Veranlassende zusammen; ruft jeden heran; zwingt, unterschiedslos, die eigenen Schultern, mitzustemmen unter allen gemeinsamer Gewissenslast; demütigt und klärt unsere naive Selbstzufriedenheit - die Freude an uns auf ein Mindestmaß herabsetzend, das fast ans Lebensmark greifen kann -. Nun, dort stand bereits, seit so langem, einer den seine Ansprüche an schöpferische Leibhaftwerdung seiner Gesichte eingeweiht hatten ins dunkle Wissen um das Menschliche, ihn in Tieferes hinabgestoßen hatten, als man sonst erreicht - einer, der an den Grenzen des Menschenmöglichen sich aufbäumte und immer dichter gegen dessen Abgründe andrang. Sogar an seinem Schweigen darüber war es irgendwie beredt geworden.

Hier aber bin ich bei dem, was letztlich allein erklärt, wodurch von Rilke eine so überlegene Wirkung auf andere ausgehen konnte. Warum er, der so oft Ratlose, Klagende, so vielen Berater, Helfer, ja Führer erschien, ohne den eine ganze Gemeinde sich verwaist vorgekommen wäre und haltberaubt. Das war, weil, noch aus den Löchern und Fetzen seiner eigenen Zerrissenheit, eine innere Grandiosität sich entblößte, die ermutigte und hinriß. Nichts wäre fälschender und beirrender, als sein Bild sich vorwiegend aus seinen Klagen, seinen Enttäuschungen an sich selber zu formen. Man muß dabei ständig vor Augen behalten, daß das, was sein Wesen in dessen Stetigkeit und Tüchtigkeit am härtesten bedrängte, eben seines Wesen künstlerische Außerordentlichkeit war. Auch war sein Menschentum selbst, noch unter Abstrich des rein Dichterischen, in sehr großen Dimensionen umrissen. Vor allem war es „voll des Geistes" - in einem geistvollen Durchdrungensein, das Rilke auch auf ganz abliegenden Gebieten zur Bedeutung hätte führen müssen. Das äußerte sich überzeugend bereits in frühen, beinahe noch knabenhaften Jahren, wo sein dichterisches Können noch hie und da in Gefühlsüberschwang aufflog. Wer ihn jemals eingehender sprach, muß den Eindruck davon erfahren haben. In ihm selber aber drückte es sich als eigenes Ungenügen, als ein Erkenntnishunger und Wissensdrang erster Ordnung aus. Und zwar war das in ihm ebensowohl Antrieb zu exakten Bewältigungen ersehnter Spezialstudien wie „faustisch" angetrieben. (Schon in den frühen Briefen zählt er als am dringendsten benötigt auf: „Geschichte, Physiologie, Biologie, experimentelle Psychologie, etwas Anatomie, Grimmsches Wörterbuch nicht zu vergessen usw." Ein andermal Mathematik, das Studium des Arabischen, alter Sprachen überhaupt, neben dem der Antike im kunsthistorischen Sinn und der mittelalterlichen Geisteswerke.) Wenn es ihn heftig und bitterlich schmerzte, darin nicht leistungsfähiger zu werden, so deshalb, weil er gar nicht umhin konnte, alles in einem Ziel zusammenzufassen, nichts als Nebenbeschäftigung oder nebensächlich anzusehn. Von Beginn an/schien es ihm nichts zu geben, was dem Schaffen nicht mitdienstbar würde, ja, wie das Handwerkliche an der bildenden Kunst erst schöpferisch festige zum Werk.

„Liegt das Handwerk vielleicht in der Sprache selbst, in einem besseren Erkennen ihres inneren Lebens und Wollens, ihrer

Entwicklung und Vergangenheit? — — Liegt es in irgendeinem bestimmten Studium, in der genaueren Kenntnis einer Sache? — — Oder liegt es in einer gewissen, gut ererbten und gut vermehrten Kultur? — Aber — gegen alles Ererbte muß ich

feindselig sein, und mein Erworbenes ist so gering." (1903 aus Oberneuland.)

Mit Unruhe spürt er, wie Schaffen und Erlernen, einander benötigend, sich auch wiederum einander entgegensetzen können, und daß dies oft der Grund war, warum er damit nicht weiterkam, Hemmungen statt Förderungen erfuhr, sich ungeschickt, unbeholfen dazu vorkam:

„Als ob ich von einem eingeborenen Wissen zurückkommen müsse auf einen mühseligen Weg, der in vielen Windungen dazu hinführt."

„O daß ich Werktage hätte, Lou, daß meine heimlichste Herzkammer eine Werkstatt wäre und Zelle und Zuflucht für mich; daß all dieses Mönchische in mir klostergründend würde um meiner Arbeit und Andacht willen. Daß ich nichts mehr verlöre und alles aufstellte um mich, nach Verwandtschaft und Wichtigkeit. Daß ich auferstünde, Lou! Denn ich bin zerstreut wie ein Toter in einem alten Grabe. — —

„— dann hätte ich so unendlich viel zu tun, daß ein Werktag dem ändern gliche, und hätte Arbeit, die immer gelänge, weil sie beim

Erfüllbaren und Geringen begänne und doch schon im Großen wäre von Anfang an."

Sein Schaffensdrang und sein erkennender Geist, sich immer wieder im Wege, sind dennoch in ihm eins, als das eine sehnsüchtige Menschentum, das sich zusammenschließen will - und nichts anderes will -, als diesen Zusammenschluß in jeglichem Augenblick bewähren.

„Ich weiß es, daß ich mein Leben nicht herausschneiden kann aus den Schicksalen, mit denen es verwachsen ist; aber ich muß die Kraft finden, es ganz, wie es ist, mit allem, in eine Ruhe hineinzuheben, in eine Einsamkeit, in die Stille tiefer Arbeitstage: nur dort wird mich alles finden, was Du mir verheißen hast –". (Oberneuland, II. August 1903.)

Aus seinem unbeirrbaren Verlangen nach solcher Einheitlichkeit, die auch sein Künstlertum mit umgriffe, erwächst seine ungeheure Gewissenhaftigkeit. Ihm, der zu schicksalhaft empfand, um ein Mensch der Schuldzwiespälte zu werden - also jener Erschwerungen und Erleichterungen, vermöge deren man sich bestraft und befreit -, ihm verlegte sich alles Gewissensmäßige auf die Bereitschaft. Er kannte sie von der produktiven Stunde her, der nicht zu befehlen möglich, aber zu gehorchen notwendig ist. Sein - um ein viel mißbrauchtes Wort dafür einzusetzen - Ethos sammelte sich um die Bereitschaft wie um eine Empfängnis, die immer und überall ihn dort antreffen sollte, wo nichts ihr Fremdes oder Feindliches ihn besetzt hielt, ihn an Zufälliges und Abhaltendes verstreute. Aus Schweden (Furuborg, Jonsered, am 19. Oktober 1904 schon) hatte er geschrieben:

„Soll mein Leben besser werden, so muß ich vor allem an diese beiden Dinge denken: Kraft und Gewissen. — — arbeiten muß ich lernen. Das sage ich mir seit Jahren und pfusche doch so weiter. Davon das arge Gewissen; um so ärger, wenn andere Vertrauen zu mir haben."

Seine Gewissensempfindlichkeit nahm nur um so mehr zu, da er so viel weniger für ihre Beschwichtigung tun konnte, als, vergleichsweise, ein Handelnder täte, der in der Handlung selbst sein ihm aufgetragenes Ziel erreicht. Wenn er hätte beten dürfen, wie ein Kind zu seinem Vater auf Erden bittet, der es anhört und erhört, er hätte um nichts anderes gebeten als darum, zu jeder Zeit auffindbar zu bleiben „in des Vaters Wohnung". Es gab für ihn nur dies oder Obdachlosigkeit. Es gab für ihn nicht Werte verschiedener Art und darunter auch solche, die besonders dem Künstler gemäß sind; der Wert der Werte mußte auch den Künstler als seinen eigentlichen mitumfassen. Was ihn von ändern unterschied, war dies unentwegte Zugehen auf das Eine, Letzte, auch des

Künstlers in ihm, der unbeschreibliche Ernst der Frage, ob oder wann er Zutritt dazu habe. Was ihn unterschied, noch jenseits aller künstlerischen Würdigung - was ihm von der Stirn strahlte, auch dann noch, wenn er am Boden lag, war dies: nie gab es jemanden, der heiligere Sorgen hatte als er.

Mit den Jahren stieg seine Ungeduld mit sich:

„Wiederanfangen. Freilich, schon beim Schulheft half es dann, eine neue Seite aufzuschlagen; diese hier - - steht nun wirklich voll der beschämendsten Fehler, rot über rot, und wo einer noch von selbst ausblieb vorher oder sich besann, da steht das endlich Richtige über einer fast ganz durchradierten Stelle, auf dem Häutchen eines Lochs." (Paris, rue Campagne première, 1913, 21. Oktober.)

Schließlich gab es wohl keine Not, selbst grausigste, die er nicht auf sich genommen hätte fürs Gelingen; längst fürchtete er nicht sie mehr. Anderthalb Jahr zuvor (aus Duino, im März 1912) bemerkt er:

„Früher hats mich zuweilen gewundert, daß die Heiligen so darauf hielten, sich körperliche Übelstände zuzumuten, jetzt versteh ich, daß diese Lust zu Schmerzen, bis hinein in die Qualen des Martyriums, eine Eile und Ungeduld war, auch vom Ärgsten, das von dieser Seite kommen kann, nicht mehr unterbrochen und gestört zu sein."

Im gleichen Brief steht auch:

„Ich sehe manchen Tag alle Kreatur mit der Sorge an, es könnte in ihr ein Schmerz ausbrechen, der sie schreien macht, so groß ist meine Angst vor dem Mißbrauch, den der Körper in so vielem mit der Seele treibt, die in den Tieren Ruhe hat und in den Engeln erst Sicherheit."

Der Körper ist es, der sich nicht in die erstrebte Einheit fügen läßt, sich ihr entgegen stemmt, zwischen Tier und Engel einklemmt (Paris, 26. Juni 1914):

„Mein Körper ist wie eine Falle geworden, — — eine Oberfläche voller Fallen, in denen gequälte Eindrücke absterben, ein starres, unleitendes Gebiet, und weit, weit wie mitten in einem erkaltenden Gestirn das wunderbare Feuer, das nur noch vulkanisch austreten kann, da und dort, unter Erscheinungen, die der gleichgültigen Oberfläche, wie Verheerung, verwirrend und gefahrvoll sind — —"

Das Unüberwindbare, Unablösbare dieses Stückes Selbst, das zugleich ein Fremdstück wie irgendein Außenbestandteil für unser Innen-Erlebnis bleibt, brachte in Rilke, je länger, je mehr, eine Trübsal hervor, die sich zur Abkehr vom physisch Bedingten überhaupt steigerte. Dies ist der Punkt, wo seiner Dichtung der „Engel" erstanden ist. Er erstand ihm aus dem

Drang nach dem, was noch „in den Tieren Ruhe hat und in den Engeln erst Sicherheit", - aus dem Drang, sich vor Vollkommenem zu neigen - neben sich aufgerichtet zu sehn das, woran er gleichzeitig ganz zum Schöpfer und ganz zum Geschöpf werden könnte.

Schon in Notizen seiner Jünglingsjahre findet sich immer wieder alle Kunst aufgefaßt als dasjenige, worauf die Dinge warten, um an ihr „fertig zu werden", wahrhaftiger „wirklich" zu werden, als sie sonst sind. (18Q8: „Die Kunst ist der dunkle Wunsch aller Dinge. Sie wollen alle Bilder unserer Geheimnisse sein. —

— — Verschwiegen und verratend zugleich.

— Tiefe, vom Künstler selbst nicht erkannte Zusammenhänge schließen sie fest aneinander. Sie sind einander ähnlich geworden.") Jetzt und in dem Maße, wie ihm seine Leiblichkeit das innere Erleben verschlug, gewann künstlerisch Angeschautes eine Leibhaftigkeit über die der Kunst hinaus, strahlte an einem Punkt unter den Dingen auf in mehr als irdischem Licht. Und langsam erstrahlt der Engel.

Der Welt Fülle und Helle begann sich daran zu verdächtigen, daß dem alltäglichen Blick gerade dort nur Dunkel und Undurchsichtigkeit sich zeigt:

„Und ob uns diese heitern Monde auch die reinste Weltsonne widerstrahlen, es war doch vielleicht ihre immer abgekehrte Seite, durch die wir mit dem unendlichen Raum dahinter in Beziehung standen", - schrieb er 1919 aus seiner letzten Wohnung in Deutschland (Ainmillerstraße, München, im Januar), wo er mich nochmals zu einem gemeinschaftlichen Winter erwartete.

Dieser leise Zug zum Entirdischen dessen, dem er zuschritt, dies Ergebnis des Nichteinvernehmens seines physischen und seines geistigen Seins, als ob jedes von sich aus das Ganze darstellen wolle und keins sich an die ersehnte Totalität aufgebe – das wirkte sogar auf sein leibliches Aussehen ein. In einer unbegreiflichen Weise erschien mir's wenigstens so und beunruhigte mich wie eine Bedrohung der Zukunft. Seinem Antlitz fehlte fast die Alterung, die natürliche, worauf die Jahre ein Recht geben, und die nicht nur Verfall, sondern Inschrift ist, aber an Stelle dessen hatten seine Züge aufgehört, ganz die seinen zu sein. Vergrößert und bang standen darüber die Augen, als wüßten sie, daß diesem Gesicht etwas zugestoßen sei, als fragten sie, ob jemand, und wer, es sich widerrechtlich zugelegt habe. Nase, Mund, Kinn, Halsansatz, wurden fremder - wenn auch von so schwer Faßlichem mit verständlichen Worten nicht zu reden ist und wenn es auch viele Stunden gab, die es völlig wieder verwischten. Wie er selber etwas Ähnliches durchempfand, erweist vielleicht ein kurzes Gespräch, das wir, nach längerer Trennung, vor vielen Jahren hatten. Wir gedachten gerade des Umstandes, daß ehemals, wenn er, je nach seiner innern Verfassung, als der Beschwingte oder als der Erloschene auftrat, wir diese Doppelung betitelt hatten mit: „Rainer" und mit: „der Andere". Als ich nun aufrichtig versicherte, mir käme der Eindruck von Zweierlei viel seltener, der des Eindeutigen viel öfter als damals, da blickte er mich unbeschreiblich gramvoll an; und nichts kann den Blick der großen Augen wiedergeben, noch auch den Ton der stillen Stimme, womit er stockend die Antwort hergab: „Ja: eindeutig —; bin eben — der ‚Andere'."

Gegen den „Anderen", der sich in den leiblichen Zuständen an seine eigene Stelle setzte, wuchs sein hilfloser Grimm: daß man sich des Körpers, des höhnenden Widersachers, nicht entledigen und doch bleiben, ein in der Sichtbarkeit sich Auswirkender, sein könne: daß dem, worin man schaffend sich bewegt, nur eine Wirklichkeit daneben zuteil wird, ein Sein des Scheins. Ein Verdacht wuchs, ob er sich nicht fälschlich schone und erhalte:

„Aber wer macht sich neu und zerschlüge sich nicht vorher. Und ich gehe als Zärtling mit mir um zeitlebens, daß mir nur ja nichts abgebrochen wird."

Wenn über alledem das Werk nur würde: das

allein stand mehr und mehr obenan - mochte mit
ihm selber dafür das „Unbewältigte" verfahren,
wie's auch sei -war er doch darauf allein
verwiesen:

„es in Erfundenem und Gefühltem ver-
wandelt aufzubrauchen, — in Dingen, Tieren, -
worin nicht? -wenn es sein muß in Unge-
heuern," hatte er vor ein paar Jahren davon
geschrieben.

Das letzte deutsche Jahr, der gemeinsame
Winter, der Frühling, der Frühsommer in
München, waren trotzdem noch voller Stunden,
die sich voller Hoffnung fühlten. In denen man
wußte, spürte: das Werk, das ungeboren in ihm
litt, würde werden — aber -er? wo würde
solcher Fortschritt hingehn mit ihm?

An Übersiedlung in die Schweiz dachte
niemand: er folgte einfach einer Aufforderung
für wenige Sommermonate. Schon für den
Oktober verabredeten wir ein Zusammentreffen
in Deutschland. Davon sprachen wir noch in
letzter Minute, auf dem Bahnsteig, als ich kurz
vor ihm abfuhr. Seine Frau, ein paar Freunde,
standen bei uns. Alles schien so gut. Aber noch
während wir sprachen und scherzten und der
Zug sich langsam in Bewegung setzte,
überwältigte mich die Sorge, und ein schweres
Wort aus einem seiner alten Pariser Briefe legte
sich mir dunkel über den Sinn:

„— ich aber gehe, wie die Tiere gehen, wenn

die Schonzeit vorüber ist."

Die Abwendung oder Mißbilligung Rilkes in bezug auf ihn selbst als Person steht in irgendeinem Zusammenhang mit dem, was im Verlauf des letzten Jahrzehnts seiner Dichtungsweise einen esoterischen Zug aufgeprägt hatte. Kann man es doch bezeichnen als: bewußte Abkehr auch vom Hörer, vom Leser. Wir redeten oft darüber miteinander. Zunächst erscheint es nur als äußerste Folgerung dessen, was er sich in der Rodin-Periode erworben: Widerwille gegen das „Zurücktreten vom Gegenstand zur Beobachtung des Effektes", wodurch viele Mal das Künstlertum zum „eitelsten aller Gewerbe" geworden war; absolute Drangabe an das zu Leistende, das unentwegt „gebückt stehen über dem Werkzeug", ohne Seitenblick auf ein Virtuosentum. Wo das am folgerichtigsten ausgeführt ist, in den „Neuen Gedichten", gibt es, mitten im Schönsten, schon hie und da eine Stelle, bei der nach Schilderung, besonders von etwas mit den Sinnen Erfaßtem, gleichsam mit der Hand Modelliertem, sich, wie hinterdrein noch, eine Strophe ergießt - wie Ausgießung des Geistes, der seine innerste Beteiligung und Bezogenheit nicht länger an sich halten, sich an der realen Wiedergabe nicht genügen kann. Sobald nun Rilkes Thema mehr und mehr dem Material des Innersten, nicht mehr sinnenfällig Wiedergebaren, entnommen wurde, kehrte es sich langsam um in Beschwörungen, die kaum Anteilnehmer gestatteten; die erworbene - am Realen geübte - Macht des Ausdrucks feierte gerade hier ihre Triumphe, aber tatsächlich hörbar geworden nur für die, welche Erlebnisse Von gleicher Mächtigkeit und Tiefe, unerlöst und wartend, mit sich herumtrugen. Den übrigen mochte manchmal der Dichter vorkommen wie ein Moses, der, vom Gebirg niedersteigend, über der ihn ganz hinnehmenden Offenbarung versäumt hätte, die zehn Tafeln in extenso vollzuschreiben. In der Tat ergab hier gerade die Esoterik, die unbeabsichtigte des gänzlich verinnerlichten Vorgangs, nicht selten nach außen das Mißverständnis des Absichtlichen, Manier Werdenden. Es war aber so sehr hier der Dichter selbst, der „mit Gott rang", daß die verrenkte Hüfte ihm zur Ehre wird; und nur die, denen solches Ringen selber ans Leben ging, besitzen in ihm wahrhaft ihren Dichter.

In den Jahren vor der Schweizer Zeit - wo er die Michelangeloschen Sonette jahrelang, Stück um Stück, übersetzte und dabei Herrliches vollendete - wie auch hinterher, nach 1922 und den „Duineser Elegien", hat Rilke sich vorwiegend mit Übertragungen befaßt. Das bedeutete ihm nicht etwa Ausfüllung halb produktiver Stimmungen, er setzte sich jedesmal so voll dafür ein wie für Eigenes. Aber wohl mochte die Beschäftigung damit ihm außerdem Zuflucht werden vor den Drangsalen seiner Seele, so daß sie ihn für den Augenblick irgendwie beschwichtigend davor barg (auch wieder ähnlich der „Attrappe", worin man hinausgestellt ist und auch zurückgezogen). Dazu kommt der Umstand, daß der Gegenstand einer Übersetzung ja noch am ehesten jenem „Material" im Rodinschen Sinne gleichkommt, dem objektiviert Übernommenen, an das man sich nicht exakt genug halten kann, um ihm gerecht, ihm gemäß zu werden; so wäre darin eine Art Kompromiß gegeben, zwischen dem exakten Verarbeiten von Außenmaterial und der ungeheuren Verinnerlichung, die ihr „Material" aus letzten Fernen und Tiefen erst für die Arbeit heraufbeschwört. Abgesehen von alledem, behalten Übersetzungen für so zauberhafte Einfühler, wie Rilke es war, überdies an sich großen Reiz. Schon während unserer allererstem Bekanntschaft enthielt er sich, des Französischen noch wenig kundig, nicht, mancherlei Verse in diese Sprache, gleichsam aus sich selber, zu übersetzen; bemerkenswerter ist, daß er auf der langen Reise durch Rußland das gleiche im Russischen tat: aus tiefem Verlangen und, obwohl grammatikalisch arg, doch irgendwie unbegreiflich dichterisch (die Titel dieser sechs Gedichte lauten in der Reihenfolge ihrer Entstehung: erstes Lied; zweites Lied; der

Morgen; der Greis; die Feuersbrunst; das Antlitz). Nichts wäre verkehrter, als zu glauben, die Beschäftigung mit Fremdsprachen weise bei Rainer auf unvollkommene Liebe zu der seinigen - wie man es törichterweise ihm unterschob, als er in seinem letzten Lebensjahr eigene französische Gedichte herausgab. Das Gegenteil ist wahr; als ich, während seines vieljährigen Pariser Aufenthalts dort gelegentlich die Befürchtung äußerte, ob ihn das nicht der feinsten, letzten Intimität zum Deutschen entfremden könne, antwortete er lebhaft:
„O nein! diese Intimität wächst dran! Bedenke nur, wie viele, viele Wörter ich mir spare durch ihren Nichtverbrauch am Alltagsbanalen!" Noch ehe er Paul Valéry übersetzte, ging er dann an eigene französische Dichtung. An Paul Valéry aber fühlte er sich nicht nur als Künstler gebunden — es gab da etwas, was ihn erinnerte an die langen, fast stummen Zeiten, die den „Elegien" vorausgingen und die ihnen vielleicht folgen konnten. Er schreibt aus Schloß Muzot:
„Du weißt, daß er, P. V. — nach einigen frühen Publikationen, durch fünfundzwanzig Jahre nahezu geschwiegen hat, mit Mathematik beschäftigt, erst seit 1919 lebt er wieder ins Gedicht, und nun hat jede Zeile, zu ihrem Gang hinzu, dieses tiefe Ausgeruhtsein, über das niemand von uns verfügen kann. Eine Herrlichkeit"

Während des Schweizer Aufenthaltes trieb es Rilke, Ende Oktober 1920, für ganz kurz nach Paris; nur sechs Tage blieb er dort, ohne irgend jemanden wiederzusehen ; es wurde ihm aber ein befreiendes Wiedersehn mit unvergeßlichen Eindrücken von ehemals (obgleich er sich schon vor 1914 in Überdruß von Paris abgewandt hatte und ich ihn nur mühsam im Herbst 1913 bereden konnte, dorthin zurückzugehn). Gleich nach seiner Rückkehr (1920) von dort machten ihm seine Schweizer Freunde ein beglückendes Geschenk; im Kanton Zürich, am Irschel, wurde Schloß Berg ihm bereit gestellt:

„Dieses kleine alte Schloß Berg — mir, mir ganz allein, als winterliche Zurückgezogenheit — . Berg, weit von allem Bahnverkehr, ist schwer zu erreichen, außerdem nun durch strenge Sperren, die der Maul- und Klauenseuche halber verfügt worden sind, noch strenger abgetrennt, so daß ich selber seit vielen Wochen das Gebiet des Parkes nicht verlassen darf, - aber jede Einschränkung dieser Art bestärkt nur meine Geschütztheit und Sicherheit."

Dauernd bleibt die Fontäne im Park „seine einzige Gefährtin", und dieselbe Einsamkeit umgibt ihn in seiner spätem Heimat, im Château de Muzot oberhalb Sierre im Wallis. Denn in ganz verändertem Sinn gegen früher hatte sich ihm jetzt Heimatliches darzustellen: nicht wie einstmals war es ihm, das „Unter-ein-Dach-Treten", als Schirm vor der noch nicht erfahrenen Wirklichkeit, noch auch Heim, in das man von der Arbeit einkehrt, um Kräftigung zu suchen für die erneute; - nur schützende Wände suchte er noch, die sich herumstellen sollten um das erwartete Ereignis, - das allein wichtige, allein wirkliche. Im Château de Muzot galt es ursprünglich nur erst einen Wohnversuch - es ist, schreibt er am 10. September 1921:

„— furcht ich, zu hart für mich; drin wohnen ist etwa, als stände man in einer schweren, rostigen Rüstung. Und durch die harten Helmspalten schaut man hinaus in ein herausfordernd heroisches Land."

Auch das Klima, an sich wunderbar, setzte ihm mit der Übersonnigkeit des geliebten Lichtes ebenfalls zu wie mit zu harter Anforderung; das empfand er auf die Dauer:

„Die hiesige Sonne arbeitet nur am Wein, er ist ihr métier; alles übrige, Pflanzen, Tiere und Menschen drängt sie zu sehr und belastet es dann mit dem Gewicht ihrer Brütung, das gerade dem Weingeländ angemessen ist."
(Muzot, nach Ostern, 1924)

Dennoch blieb er glücklich, daß dieser Aufenthalt ihn behielt:

„Es hat sich eben — eben noch einrichten lassen, bis auf weiteres, daß ich in meinem starken kleinen Turmbau sitze; — — — wünsche mir nichts als gute Klausur und daß sie lang und ununterbrochen sei."

Zuerst hatten sich seiner beabsichtigten Rückkehr nach Deutschland die Verhältnisse nach dem Kriege: -unfreiwillige Tschechisierung - in den Weg gestellt; später kam er dann nicht einmal zur Hochzeit seiner Tochter Ruth; seine kleine Enkelin, das kleine „tüchtige Christinchen" hat er gleichfalls nicht sehen dürfen; seine zweite Enkelin Josepha wurde erst wenige Monate nach seinem Tode geboren.

Aber die erwartungsvolle Einsamkeit erlaubt auch brieflich weniger und weniger Mitteilung:

„Mir kommt vor, als könnte das nur noch mündlich geleistet werden. — — Mehr als je wird mir jedes Mitteilen zur Rivalität der Leistung, wie es ja wohl bei jedem der Fall sein wird, der mehr und mehr noch Eines meint und daher gebend, sei's nach innen oder außen, dieses ausgibt, das Gleiche, Eine. –"

Es fiel ihm selbst aufs Herz, bis zu welchem Grade er nichts mehr wagte - wie sehr er an sich hielt:

„Vor ein paar Tagen wurde mir ein Hund angeboten, Du kannst Dir vorstellen, welche Versuchung das war, besonders da die einsame Lage des Hauses das Vorhandensein eines Wächters beinah ratsam macht. Aber ich fühlte gleich, daß auch dies schon viel zuviel Beziehung ergäbe, bei meinem Eingehen auf solch einen Hausgenossen: alles Lebendige, das Anspruch macht, stößt in mir auf unendliches Ihm-recht-Geben, aus dessen Konsequenzen ich mich dann schmerzlich wieder zurückziehen muß, wenn ich gewahre, daß sie mich völlig aufbrauchen."

In Wolfratshausen um 1897, und Jahre später in Rom, erging es ihm ähnlich mit einem Hund: damals, indem es ihn ängstigte, auch sogar für so ein vertrauendes Tier nicht Verantwortung übernehmen zu können, daß keinerlei Unbill es träfe, jetzt ängstigte ihn, ob nicht er selber schon an dieser geringen Gemeinschaftlichkeit sich mehr ausgäbe, als er noch dürfe. Dennoch kam es vor, daß in seine Briefe ein leiser Ton geriet, wie von persönlichster Bedürftigkeit oder von Erinnerung an „Heimat". Im gleichen Brief erzählt er:

„Und denk, daß meine Arbeitstube und das kleine Schlafzimmer daneben in der Verteilung, in den Proportionen, in etwas, was sich nicht recht sagen läßt, manchmal, besonders gegen Abend, an die oberen Stuben im Schmargendorfer „Waldfrieden erinnert. — — — eine Zucht von kleinen Marienkäferchen überwintert bei mir, (was auch hätte irgendwo in Schmargendorf geschehen können) —" (29. Dezember 1921)

Wartend, harrend, saß er so, die Augen, vor der gefürchteten Störung des sich immer noch nicht Vollendenden, geschlossen, die Hände flach auf die Knie gestreckt. Um sich die große Ordnung des geregeltesten Tagesablaufs, denn dieses ist das gesichertste Bereitsein. Ordnung lag ihm jederzeit von sich aus, sogar gelegentliche Pedanterie, und erschien mir immer wie sein Korrektiv vor den Folgen der dichterischen Mitgerissenheit: abgesehen noch vom Charakterlichen, worin Extreme als reaktive Umkippungen sich am nächsten berühren, liegt darin etwas, was dem Lyriker nahe sein muß: weil es ihn nur so zur jähen Abfuhr gesammelt erhält. Er deutet es einmal so:

„Offenbar wird jenes Ordnende, das unter den Kräften des Künstlerischen die unaufhaltsamste ist, durch zweierlei innere Lagen am dringendsten aufgerufen: durch das Bewußtsein des Überflusses und durch den völligen Einsturz in einem Menschen: als welcher ja auch wieder einen Überfluß ergibt."

Jahr um Jahr - und dann erscheint es doch nur wie ein Tag, eines einzigen Tages durchbrechender Sinn. Im Februar 1922 da schössen die Fragmente der „Elegien" - zusammen mit den Orpheus-Sonetten -in Weißglut, und die große Glocke empfing ihre Form, erhärtete, tönte —

Wie im Sturm, so stand er. Wie Schreie im

Winde, so riefen seine Worte das Geschehende herüber.

„- Lou, liebe Lou, diesen Samstag, am 11. Februar, um 6, leg ich die Feder fort, hinter der letzten vollendeten Elegie, der zehnten. — — Denk! ich hab überstehen dürfen bis dazu hin. Durch alles. Wunder. Gnade. - Alles in ein paar Tagen. Es war ein Orkan — — —: Alles, was in mir Faser, Geweb war,

Rahmenwerk, hat gekracht und sich gebogen. — —

Und stell Dir vor, noch eins, in einem ändern Zusammenhang — schrieb ich, machte, das Pferd, weißt Du den freien glücklichen Schimmel mit dem Pflock am Fuß, der uns einmal, gegen Abend, auf einer Wolgawiese im Galopp entgegensprang: — Was ist Zeit? - Wann ist Gegenwart? Über so viel Jahre sprang er mir mit seinem völligen Glück, ins weitoffene Gefühl. — Jetzt weiß ich mich wieder. Es war doch wie eine Verstümmelung meines Herzens, daß die Elegien nicht da waren.

Sie sind. Sie sind.

Ich bin hinausgegangen und habe das kleine Muzot, das mirs beschützt, das mirs endlich gewährt hat, gestreichelt wie ein großes altes Tier." Und dann, am Sonntag geschlossener: „— nun ist, denk Dir, in einem strahlenden Nachsturm, noch eine Elegie dazugekommen, die der ‚Saltimbanques'. Das ist aufs Wunderbarste ergänzend, nun erst scheint mir der Elegien-Kreis wirklich geschlossen. Sie kommt nicht als elfte hinzu, sondern wird (als fünfte) eingefügt, vor der ‚Helden-Elegie'. Das bisher dort stehende Stück schien mir ohnehin durch die andere Art seines Aufbaus, an jenem Platze nicht berechtigt, obwohl als Gedicht schön. Dieses wird sie ersetzen (und wie!), und das verdrängte Gedicht kommt unter den Abschnitt (‚Fragmentarisches', der, als zweiter Teil des Elegien-Buches, alles ihnen Gleichzeitige enthalten wird, was die Zeit, sozusagen vor dem Entstehen zertrümmert oder in seiner Ausbildung so abgeschnitten hat, daß es Bruchflächen aufweist. - Und so sind also auch die ‚Saltimbanques' „Ja, die mich eigentlich schon seit der allerersten Pariser Zeit so unbedingt angingen und mir immer seither aufgegeben waren.

„Aber nicht genug daran. Kaum war diese Elegie auf dem Papier, so gingen auch schon die ‚Sonette an Orpheus' weiter; heute ordne ich diese neue Gruppe (als deren zweiten Teil) - und habe Dir schnell auch einige, die mir die schönsten scheinen, abgeschrieben —. Alle aus diesen Tagen und noch ganz warm. Nur unser russischer Schimmel (wie grüßt er Dich, Lou!) ist aus dem früheren ersten Teil, aus dem Anfang dieses Monats.

Dein alter Rainer Die Elegien 5, 7, 9, —:

bald!"

Der Rückschlag auf die Überanspannung konnte nicht ausbleiben. Zunächst schrieb er noch getrost:

„Ich weiß wohl, es kann eine ‚Reaktion' geben, - nach solchem Geworfenwerden das Auffallen irgendwohin, aber ich falle schließlich in den hier schon nähern Frühling und dann: da ich die Geduld haben durfte, die lange, zu dem nun Erreichten hin, — wie sollte ich nicht eine kleine Nebengeduld leisten können durch schlechte Tage; und schließlich müßte die Dankbarkeit (wovon ich noch nie so viel hatte) auch in ihnen alles Verdrießliche und Verwirrende überwiegen."

In den nächsten paar Jahren kämpfte diese Dankbarkeit noch dawider, bis es wuchs und wuchs und ihn überwältigte. Am letzten Oktober von 1925 sagt er so davon:

„Du schriebst mir damals, als die Elegien da waren, vorhanden, gerettet, - ich solle nicht erschrecken, wenn es mir, im Rückschlag, schlecht ergehen sollte eines Tages, und ich weiß noch, daß ich mutig antwortete, aber nun bin ich doch erschrocken, siehst Du, ja ich lebe seit zwei Jahren mehr und mehr in der Mitte eines Schreckens."

Schon 1923 war er, Hilfe zu suchen, ins Sanatorium Val-Mont, oberhalb Montreux, zu Dr. Haemmerli gegangen; gegen Ende 1924 war er nochmals dort, und da sein Arzt ihm völligen Wechsel von Eindrücken, Luft, Umgebung als für ihn heilsam anriet, ging er am 8. Januar 1925 nach Paris: in die Mitte der neugewonnenen Freunde dort, wo er sich aufs lebhafteste aufgenommen und beschäftigt fand:

„Aber der Sieg kam nicht und nicht die Erleichterung. Stell Dir vor, daß die Besessenheit — —

stärker war, mächtiger, als Paris: es wurde das Leiden einer langen Niederlage, und wenn ich, weit über mein Maß, bis in den August hinein in Paris geblieben bin, so wars nur aus Beschämung, als derselbe Verstrickte in meinen Turm zurückzukehren."

Und von da ab gesellten sich zum übrigen immer präzisere und akutere Ängste vor körperlichen Krankheiten, vor Geschwülsten, vergiftenden Vorgängen im Innern des Körpers wie vor schleichenden Verfolgungen bis in Todesangst hinein: sie ließen ihn nicht mehr los; sie brachten ihn zeitweise um jede Besinnung.

Kein Zweifel, daß der Rückschlag auf den ekstatischen Durchbruch der „Elegien" nicht nur dem Auf und Ab schöpferischer Zustände entsprach: im gleichen Maße, wie die Engel der „Elegien", über das Kunstgeschaffene hinaus, seiendere waren, von einer Vorhandenheit, Gegenwärtigkeit über ihren Verkündiger hinweg, wurde er selber durch sie in Frage gestellt. Was solche Verkündigungsstunde nicht unmittelbar mit-umgriff, was hinter ihr zurückblieb, wurde an den Engeln nichtig, ja zunichte. Schönheit, als dasjenige, worein das Lichtbild des also Überherrlichsten aufgefangen wird, ist hier ein Widerglanz, eine Randhelle, über die hinaus, menschlich unauffaßbar, eine Feuersbrunst flammt, an der zu nichts zerglimmen müßte, was ihr auch nur haarbreit über den bloß leuchtenden Schein nahe käme:

„Denn das Schöne ist nichts als des Schrecklichen Anfang, den wir noch grade ertragen,

und wir bewundern es so, weil es gelassen verschmäht, uns zu zerstören." (Erste Elegie.)

Daß das von der Kunst als Schönheit Gestreifte, Berührte, sei, auch abgesehen von seinem Ausdrucksvermittler, ist. hier das Wesentliche: gestreift wird darin der Berührungspunkt zwischen Kunst und Glaube, Schaffen und Anbetung. Der Glaube, die Gläubigkeit, erscheint hier als der letzte Schritt, den die Kunst in ihrer äußersten Ekstase an ihre äußersten Grenzen unternimmt - damit über sich selber hinaus anrennend aus dem Schein, dem leuchtenden, an die Feuersbrunst, die tatsächlich verzehrende. Diese Gefahr für das Außerkünstlerische, Menschliche, darin Geopferte, hätte nicht sein müssen, wenn Rilke im hergebrachten Stil ein „Frommer" gewesen wäre — im Sinn irgendwelcher „Gläubigkeit" (gleichviel welcher dogmatischen oder spekulativen Richtung); denn deren seelenrettendes Heil hätte ihn in sich mit umschließen müssen: enthielte es doch eben diese Aushilfe als Ausgangspunkt und Sinn. Nichts indessen lag seiner Einstellung ferner: er stand aufrecht vor dem, was Glaube bietet; - nicht in der Haltung des Erbittens, sondern in der des Verpflichtetseins, nicht passiv, sondern im drängenden Vorstoß des Künstlers in ihm, desselben Künstlertums, das ihn der Lebenspraxis gegenüber ratlos und kraftlos erscheinen lassen konnte. Nie aussetzend in der Sorge ums Werk, nie bedacht darauf, was den an seine Verkündigung Preisgegebenen menschlich erwarte, ob Einsicht in das allzu Große nicht ihn erschlüge.

„Daß ich dereinst, am Ausgang der grimmigen Einsicht,

Jubel und Ruhm aufsinge zustimmenden Engeln, Daß von den klargeschlagenen Hämmern des Herzens

Keiner versage an weichen, zweifelnden oder reißenden Saiten. Daß mich mein strömendes Antlitz glänzender mache: daß das unscheinbare Weinen

blühe—", hebt die zehnte Elegie an, deren Fragment ein frühes, frühestes ist -. Aufrecht stand er, klaglos fest in der Mannhaftigkeit, die die seine war.

Denn nicht Mittler sind diese Engel, und das ist wichtig. Nicht vermittelnde Heilige oder Erlöser gab es für ihn, mochte selbst der Engel Name ihm aus seiner katholischen Kindheit zugeflogen sein. „Gott" blieb ihm jederzeit die Namengebung für das All-einheitlichste; wenn im „Stundenbuch" Gott nur als „Nachbar" ansprechbar ist, weil schon die schmälste Entfernung von ihm eine absolute würde, hoffnungslos unüberbrückbare Ferne, so legt sich statt dessen hier, vor das erneute Hochgerissensein der Himmel über den Erden, gleichsam der Engelhorizont, eine optisch einigende Täuschung: die zugleich den Blick vom Weitern abschließt am Eindruck der blendenden Schwingen. Der im „Stundenbuch" zutraulichste und ständigste Anruf - man darf davon sagen: zu ständig und vertraut, um noch irgend etwas aus ihm auszulassen, geschweige denn ihn jemals „unnützlich", mißbräuchlich führen zu können - ist hier so unnennbar geworden, als habe sich sein Wortlaut an der Engel Flügel schlagen, Schwingenrauschen übertönt.

Und doch heißt es mit Recht: „— weh mir, ansing
    ich euch, — wissend um euch. — Wer seid ihr?
    Frühe Geglückte, ihr Verwöhnten der Schöpfung;

Höhenzüge, morgenrötliche Grate aller Erschaffung, - Pollen der blühenden Gottheit, Gelenke des Lichtes, Gänge, Treppen, Throne, Räume aus Wesen, Schilde aus Wonne, Tumulte stürmisch entzückten Gefühls und plötzlich, einzeln, Spiegel, die die entströmte eigene Schönheit wiederschöpfen zurück in das eigene Antlitz."

Was wir träumen könnten, zu sein, sind sie: und damit verdammt es uns; eben ihre Leibhaftigkeit macht, daß wir nicht mitkönnen, wesenlos werden. Nur zagend, zweifelnd, ja verzweifelt fragen wir:

„Schmeckt denn der Weltraum, in den wir uns lösen, nach uns? Fangen die Engel wirklich nur Ihriges auf, ihnen Entströmtes, oder ist manchmal, wie aus Versehen, ein wenig unseres Wesens dabei? Sind wir in ihre Züge so viel nur gemischt wie das Vage in die Gesichter schwangerer Frauen? Sie merken es nicht in dem
Wirbel
ihrer Rückkehr zu sich. (Wie sollten sie's merken.)"

(Zweite Elegie.)

Dasjenige, wodurch wir ihrer Leibhaftigkeit, Wirklichkeit gegenüber, wesenlos werden, ist deshalb gerade unsere Physis, das, was sich nicht verflüchtigen kann in solche Wirklichkeit, das Gehemmteste gegenüber solchen Ansprüchen, das Stoffliche. Wie immer, wie von Beginn an, war in Rilkes Kampf der Körper der Leidträger, die Heimsuchung, die Grenze. Fürchtete er ihn in der Jugend als die unentrinnbare Reibungsfläche zwischen dem bedrohlich andrängenden Außen und dem sehnsuchtssichern Innern - hatte er ihn alsdann mißtrauisch und argwöhnisch angesehen als eigenen Veranlasser des Ungemachs: „ein wenig schuldig" an ihm, wie er in einem brieflichen Selbstporträt vermerkt -, so wird er ihm jetzt unwiderruflich gestempelt mit einem furchtbaren Abzeichen der Nichtzugehörigkeit zum Engelreich. Schuldlos, wenn man will, doch vorbestimmt zu einer Art schmählichen Zwangsdienstes, sich überlassen in gegenengelhaften „Wirbeln und Tumulten" fratzenhafter Nachäffung.

„Es ist ein entsetzlicher Zirkel, ein Kreis böser Magie, der mich einschließt wie in ein Breughelsches Höllenbild. Untergraben, wie meine treue Natur jetzt ist, durch die Dauer und den Wahnsinn der Heimsuchung, genügt diese alles überwiegende Angst, um mich mir nun ständig zu enteignen. Ich sehe nicht, wie ich so weiter leben soll — —"

Der Ausdruck „treue Natur" (ein andermal, zum Schluß „wachsame Natur") bezeichnet die tatsächliche Unschuld, Treuherzigkeit des sich selbst überlassenen, von aller Engelwirklichkeit gnadenlos ausgelieferten Körpers. Ja, erst dies bedingt das Höllische daran. Denn ein Sichschuldigfühlen würde immer noch ein bereuendes, sich nicht arglos dem Verdammten preisgebendes Menschsein einbegreifen — Zwiespalt, Frage, wohin man gehöre. „Hölle" dagegen ist ja gerade deswegen keiner Erlösung zugänglich, weil sie doppeldeutig fesselt und bindet: auch im Sinn der unbegreiflichen heimlichen Anziehung. Eben dadurch der Widerpart des Gottes, also Gott in Umkehrung noch einmal, der deus inversus in seinem Reich - gleichsam Lücke in der Allgegenwart Gottes, wie die drastische Sprache christlicher Dogmatik es etwa nennen dürfte. Daß dieses Höllische sich auftun konnte, hängt eng zusammen mit der Vollendung der Engelseligkeit, mit der überzeugenden Drastik, die ihrer Wirklichkeit zukommt, nach dem Gesetz, wonach der Gipfel den Abgrund erkennen läßt und das Licht sich bewährt am Schlagschatten.

Aber dies Verjenseitigende der Engelverkündigung, dies dadurch Entwirklichende, Entwertende des Irdischen, ist nicht der einzige Charakter der Elegien. In ihnen gewann andrerseits auch das Irdische seinen Ausdruck mit der Inbrunst eines unaufhaltsamen Bekenntnisses zu ihm, wie kaum je vormals. Nicht zwar in jener Drangabe wie im „Stundenbuch", wo der Dichter in all und jedem seinem Gott ohne weiteres mitbegegnet, der es bereits an seiner Statt gedichtet hat, am realen Ding alle Poesie selber miterschuf -sondern anders: indem der Mensch die Engel, die Fremdlinge, für seine Erde zu interessieren sich bemüht. Auf diesem Wege ist alles Irdische ohne künstlerischen Bruch in die „Elegien" hineingehoben: ein wenig so, wie etwa ein Kind seine selbstverfertigten Spielzeuge vor den viel mehr vermögenden und besitzenden Erwachsenen ausbreitet - mit bescheidener Gebärde wohl, doch freimütig, ja eifrig-stolz:

„Preise dem Engel die Welt, nicht die unsägliche, ihm
Kannst du nicht großtun mit herrlich Erfühltem;
im Weltall, wo er fühlender fühlt, bist du ein Neuling, drum zeig ihm das Einfache, das, von Geschlecht zu Geschlechtern gestaltet, als ein Unsriges lebt neben der Hand und im Blick.
Sag ihm die Dinge. Er wird staunender stehn; wie du standest bei dem Seiler in Rom, oder beim Töpfer am Nil."

(Neunte Elegie.)
Solche Sätze stehen lapidar da: groß geworden an Erinnerungen aus der Rodin-Periode, an Genugtuungen noch am leblosesten, liebelosesten Material, das unter der Menschenhand, dem schauenden Menschenblick sakrosankt

erschien, wie ein Gefäß beim Abendmahl. Und von weiterher noch: Erinnerungen an alles Belebte, Beseelte, als das Unsrige, als das Verbrüderte aus der Gottkindschaft des „Stundenbuchs". Die Inbrunst der Erinnerungen quillt über: sollte es nicht das Heimlichste, Heimatlichste dieser Erde sein, ihre Sinnfälligkeit aufzuheben, aufzugeben ins Unsichtbare als das dennoch Unsrigste:

> „Erde, ist es nicht dies, was du willst: unsichtbar in uns erstehn? —
> Was, wenn Verwandlung nicht, ist dein drängender Auftrag?
> Erde, du liebe, ich will!"

Erzitternd steht da eine Hoffnung: eine Liebe zu Erde und Kreatur und zum letzten Staub des Weges noch, als zu Geliebtem, mit dem Herzen Umfaßtem, das nie und nimmer allein eingehen möchte in die Herrlichkeit der Engel, das nicht für sich allein zagt und fürchtet, weil es sich nur als Ganzheit begreifen kann. Aber die Gewalt dieser Inbrunst erreicht nicht die Engel, die „fast tödlichen Vögel der Seele". Denn „jeder Engel ist schrecklich". Und erschütternd bricht der Schrei aus, nach aller Mühe, klaglos zu verhalten „den Lockruf dunkelen Schluchzens": „Wer, wenn ich schriee, hörte mich denn aus der Engel Ordnungen? Und gesetzt selbst, es nähme einer mich plötzlich ans Herz: ich

verginge vor seinem stärkeren Dasein."
(Erste Elegie)
Fragt man aber, wodurch das „stärkere Dasein" das menschliche nicht nur vergehen, sondern es in Ängste des Höllischen eingehen läßt, so berührt man damit das dritte Prinzip in den „Elegien" neben dem des Engelhaften und dem des Erdenhaften. Man gelangt dahin am Irdischen entlang, bis zu dem Punkt, wo das individuelle Erleben hinüberreicht in das der Generationen, in die Endlosigkeit der einander folgenden Lebewesen, tief, tief verwurzelt ins Urgründliche, Abgründige. Ahnungslos ist der Einzelne um dieses

> „seines Inneren Wildnis,
> diesen Urwald in ihm, auf dessen stummem Gestürztsein
> lichtgrün sein Herz stand ...
> Liebend stieg er hinab in das ältere Blut, in die Schluchten,
> wo das Furchtbare lag, noch satt von den Vätern.
> Und jedes
> Schreckliche kannte ihn, blinzelte, war wie verständigt.
> Ja, das Entsetzliche lächelte..."
> (Dritte Elegie.)

So ist die Physis das letzte Wort für das Entsetzliche; aus dem Blut, das von alters wie ewig her uns umrinnt, lächelt das Entsetzliche teuflisch, nicht einmal mehr, drohend, sondern aus der Heiterkeit und Ironie des Gesiegthabens. Projektion in das den Engeln entgegengesetzt Mystische, entgegengesetzt Schreckliche Rache für die gewaltige Konsistenz, Leibhaftigkeit, Vorhandenheit, welche die Engel ihrerseits über künstlerische Erschaffung hinaus in sich eingesogen haben. Es ist etwas daran, was sogar die Strecke des ganz individuellen Erlebens und Erfahrens, noch getrennt von der abgründigen Tiefe, doch schon ebenfalls zunichte macht, was ihren Entwicklungssinn von ihr ablöst und ihn ins Bodenlose wegsacken läßt - was ihn für das Auge zu bloßem Schein, zu Täuschung verflüchtigt. Hie und da, seit die „Elegien" in Rilke umgingen, wurde in ihm eine ähnliche Befürchtung wach. Er äußerte sie wiederholt, (1914 auch einmal brieflich aus Paris vom 8. Juni), daß er sich manchmal nur noch erblicke

„wie in einer Museumsvitrine. Das Glas spiegelt, und ich sehe darin nichts als mein Gesicht, das alte, frühere, vorvorige, - das Du so genau kennst." Dann schienen Vergangenheit und Zukunft in einen dünnen Strich zusammenzurücken, dem keinerlei Gegenwartsbreite mehr verblieb, in einen Gespensterstrich, der leugnete, daß sich etwas ereignen konnte oder ereignet hatte. Dann griff Schrecken ans Herz, gleich jenem Schrecken etwa, der Rilke aus dem Nachkriegs-Venedig gejagt hatte, weil sich dort, unter Wegleugnung all des Dazwischengelegenen, sein Vorkriegs-Aufenthalt gleichsam gespenstisch höhnisch zurückzuspiegeln schien.

Immer blieb ihm bewußt, daß das einzige Mittel dagegen in rückhaltloser Drangabe an seine vergessensten Erinnerungen bestand: an jene, die dort anstießen, wo das Individuum sich nur eben erst in eigenem vereinzelten Erleben aus dem Urgründlichen scheidet. Sind sie es doch, denen geisterhaft die schöpferische Stunde entsteigt, sie allem Persönlichen und dessen Bedrängnissen enthebend: - dem Dichter der „Elegien" waren diese Gnaden zuteil geworden wie nur je einem der großen Begnadeten. Aber er, der Mensch, hatte kein letztes Genügen an der Stunde der Ekstase und deren Hinterlassenschaft, dem Werk; so gewaltsam war sein menschlicher Vorstoß dabei, daß noch das von ihm selbst Geschaffene sich wider ihn selbst zusammenballte gleich einer ins Ungeheure ansteigenden Tatsache, die die menschlichen Lebensmaße, wie unzureichenden Rest, von sich ausstieß. Die ihn nicht mehr beließ auf dem Urgrund der eigenen Vergangenheiten, als der Voraussetzung zum Werk Gewordenen, sondern, wo er darauf hätte fußen wollen, ihn nur um so Bodenloserem überantwortete.

Wie in der Schwangern, die gebiert, sollte ihm Werk und Wirklichkeit, Seelenaufschwung und Leiblichkeit eins miteinander geworden sein, am Geborenen ihm zugesprochen, ihm heilig gesprochen, mitbeteiligt bis in die letzte Faser. War das nicht, rannte er damit an gegen das Unmögliche, so konnte keine noch so heroische Bemühung helfen, die er aufbrachte, so konnte kein Opfer ihn herausretten, das er noch brachte, so konnte nur ein Geopfertwerden an ihm stattfinden, ein Ausgelöschtwerden, als bloßen Hindernisses der riesigen Seinseinheit, nach der allein er sich streckte. Hier rührt, tief und leise, der Untergang an eine dunkle Beseligung, im Vergehen am Herzen des „stärkern Daseins". Eine unheimliche Möglichkeit, dem Bewußtwerden entzogen, weil ganz und gar erlebt als Angst und Qual, und doch wirksam in einer furchtbaren Verneinung am Leibe, am preisgegebenen Obdach, das sich nur noch abzubauen hat, sein Gefängnis zu zerbröckeln hat, seine, im Grunde listige und irremachende Falle zu öffnen — . Wer gedenkt nicht dabei der Knabenerinnerung, wo der kleine Rainer vor dem Stehspiegel sich vergeblich seiner Vermummung zu entwinden strebte, bis er, von Angst gewürgt, sterbebereit am Boden lag? Dazwischen liegt ein Leben: die Angst, die ihn in den letzten Lebensjahren umtrieb, von schrecklichen und schweren

Krankheiten vernichtet zu werden, war ebensosehr die andere: noch Leib zu sein, Verklammerung in etwas, was zwingt zu sein, wer man nicht ist. Sturz aus alledem hinaus, wie Sturz ins Höllische, ja - und damit Sturz doch auch, endlich in den ewig erwarteten Mutterschoß; er selbst nicht mehr der Gebärende, er selbst nur noch das, was allein zu leisten er begehrt hatte — ewig gewährleistete Kindheit.

Rainer Maria Rilke verschied am 29. Dezember 1926 unter den Zeichen einer chronischen Sepsis, nachdem an ihm, der so viel unter ärztlicher Obhut gestanden, nichts zuvor an eine drohende Leukämie hätte denken lassen, und nach so vielen Jahren des Aufenthalts im erwählt vorzüglichen Klima, bei sorgsamster treuester Pflege. Er dankte das den Freunden, und die Hilfe sowie Pflege seiner Umgebung rühmen dankbar noch die Worte in schwachen Bleistiftzeichen vom Sterbebett.
    Das war das ihm menschlich noch Erfahrbare. Darunter steht, weit darüber hinaus, der einzige Satz: „Aber die Höllen!"
    Anrede und Lebewohl waren russisch.

Auf dreierlei Weise ließe sich denken, daß Rainer Maria Rilkes Werk und Leben wiedergegeben würde: im Versuch seiner künstlerischen Würdigung, im Versuch psychologischer Forscherarbeit daran, endlich im Versuch der Sammlung von mit ihm verknüpften Erinnerungen. Alle drei Möglichkeiten hätten unendlichen Reichtum auszubreiten, selbst wenn man seinen eigenen Zweifel teilen möchte, wie er ihn einmal in bezug auf das Durchgraben großer Dinge der Vergangenheit äußert (Brief über Roms Denkmäler): „denen die Bewunderung unrecht tut, wenn sie eine bestimmte und beschreibliche Schönheit an ihnen erkennt, denn sie haben ihr Gesicht in die Erde gehalten und haben alle Benennung und Bedeutung von sich abgetan; als man sie fand, da haben sie sich, leicht, über die Erde erhoben und sind fast unter die Vögel gegangen, so sehr Wesen des Raumes und wie Sterne stehend über der unstäten Zeit." Das hier Aufgezeichnete läßt bewußt nach den genannten möglichen drei Richtungen alle Vervollständigung außer acht: sowohl an kritischer Würdigung wie an wissenschaftlicher Forscherarbeit wie an biographisch gesammelten Daten. Hat es sich doch aus einem einzigen Briefwechsel die Gegenrede entnommen, ist es doch beinahe nur ein Akt nochmaliger Inbesitznahme des Entschwundenen, letztes Beisammensein — Zwiegespräch.

Fast fragt man sich: wozu es sich damit an andere wende?

Dies tut es darum, weil es einen Punkt bei alledem gibt, von dem aus Rainer Maria Rilkes Leben und Sterben über ihn hinaus sich noch einmal an alle zu wenden hat, und das ist die bedeutsame Bezogenheit seines Lebens zu seinem Sterben. Weil es dabei nicht bloß um die typische Angelegenheit der Auftriebe und Abfälle innerhalb des Schöpferischen geht, auch nicht um das atypischere Martyrium nur der sonderlichen Zusammenhänge individueller Schöpferbegabung mit individueller Pathologie. Aus solchen allgemeinsamen wie spezielleren Vorgängen gilt es das eine hervorzuheben: das tödliche Verhängnis desjenigen, der als Künstler dermaßen bis ans Letzte vordrang, daß er sich erst über der Grenze der Kunst ans Ziel finden konnte — wo er sich selbst nicht mehr aufgenommen fand. An dieser äußersten Grenze, als ihm gleichsam die Verlautbarung des Unsäglichen gelang, zahlte er dieses Himmelreich mit der Höllenfahrt alles Säglichen, Sagbaren, worin das Menschsein sich beheimatet. An solchen Stellen erheben sich Werke, die alle mit kaum Geahntem beschenken, wie mit in die Hand zu fassenden Wirklichkeiten, und nicht überboten werden können durch bloßes Genie als solches; von solcher Art sind etwa noch Hölderlins, seines

Bruders, Gesänge bis in die letzten: nur von andrer Seite her, indem an diesem Hymniker die Geisteskrankheit, die sich an ihm vollzog, schrankenbrechend, das bewußte Menschsein von den dichterischen Auswirkungen der Phantasie löste und der Vernichtung anheim gab. Würde man sich vorstellen, daß Rainer Maria Rilke, dem Geistesgesunden, dem mannhaft unentwegten Ringer nach Harmonie, diese sich menschlich vollendet hätte, so würden zwei Möglichkeiten sich aufgetan haben: sei es, daß er das ihm Höchstmögliche anderswo als nach Richtung der hymnischen Elegie geleistet hätte, sei es, daß die in ihm selbst zur Ganzheit erlöste Harmonie zuungunsten des Künstlerischen wäre vollzogen worden, indem diesem damit sein schärfster Stachel zum Werkschaffen in Abzug geriet. Denn von jeher blieb die tiefste Aufstachelung von des Dichters Phantasie ja seine Menschensehnsucht nach dem leibhaftest Wirklichen und riß eben dadurch seine Kunst endlich über den künstlerischen Schein hinüber in eine Art von Seins-Usurpierung, die ihn vergewaltigte.

Muß man doch klar die Tatsache vor Augen behalten: wie ganz alle Phantasie, mitsamt ihrem Abkömmling, der Kunst, nichts ist als Ausdrucksmittel, zu Diensten des Stärksten in uns, des Ungenügsamsten am Vorhandenen.

Immer ist sie die unablässig neu geschlagene Brücke zwischen - um bei des Dichters Bezeichnungen zu bleiben - dem uns „Säglichen" und dem uns „Unsäglichen"; immer die unabweisbare Ergänzungsmethode am Realen und Rationalen, als stamme alle Phantasie aus einem breitern Wissen, bei dem Logik und Praktik des Daseins nur nicht exakt genug mittun können. Nun kann ihr Abkömmling, die Kunst, darin zu weit gehen, statt bloßer Brücke den weiterreichenden Weg selber darstellen wollen: sie kann entweder das Kunstwerk schädigen, indem die realen Lebensinhalte sich einseitig dessen bemächtigen, oder sie kann, umgekehrt, dem bewußten Menschenleben nicht genugtun, indem sie seine Inhalte zu sehr entleert in die symbolhaften Hinweise ihrer Formungen. Entweder also erdreistet das „Sägliche" sich in ihr, mehr sein zu wollen als das sinnenfällige Bild und Zeichen für den Ausdruck unserer stummsten, stillsten Eindrücke, und setzt sich statt dessen lärmend an deren Stelle, oder wir übersehen, daß „künstlerische Formung" als solche bereits des Unsäglichen Inhalt entspricht, und verselbständigen sie zu äußerlicher Form, zur bloßen Artistik. Alle Kunst steht in der Gefahr, zwischen Tendenz und Artistik um ihren vermittelnden Sinn gebracht zu werden. Aber in jedem Fall, wie voll ihr Sinn sich ihr auch erfüllen mag, bleibt sie nach beiden Richtungen dienend verpflichtet, bleibt zwischen beiden der einigende Bindestrich, Wiederherstellung einer Einheitlichkeit, die uns nur so wiederaufgehen kann. Und ebendeshalb ohne Spielraum - ja ohne auch nur einer Ritze, Spalte, souveränen Raum für sich allein. Scheint es jemals anderes, das heißt, überanstrengt die Kunst sich dazu, mehr als Ausdruck darzustellen, so rächt sich das in demselben Betracht, wie es sich am Dichter rächte: sie gewinnt eine Realität, für die sie dem Menschendasein den unverbrüchlichen Fußbreit Raum rauben muß - es in jenes tödliche Verhängnis stürzen muß, worin sein großes Grenzwerk sich aufrichtete, indem es ihn opferte.

Man kann aber an seinem Grabe nicht verweilt haben, ohne sich mit einem gewissen Schauder einzugestehen, wie leichthin und unwissentlich wir doch über solche letztliche Tatbestände innerhalb dessen, was wir Kunst nennen, hinwegleben. Fast scheint es so, als ob unser gang und gäbes Verhalten zur Kunst am allerwenigsten danach eingerichtet wäre, sich darauf zu besinnen. Als ob unsere durchschnittliche Unaufrichtigkeit, Phrasenhaftigkeit, Vogel-Strauß-Politik in unsern innern Verhältnissen, hier am allgemeinsten, am selbstverständlichsten sanktioniert sei. Als ob es sich in unserer Grundeinstellung zur Kunst ganz fraglos nur um das unverbindlich Harmloseste handeln könne. Wohl setzen wir die Kunst jedesmal betont in den Vordergrund, ja gewissermaßen in den Mittelpunkt unserer Beachtung, schätzen den Menschenrang vielfach nach der Empfänglichkeit und dem Verständnis für sie ab, lehren schon unsere Kinder Verbeugungen vor ihr, lange ehe das kindliche Urteil ein eigenes wurde, jedoch dies bleibt alles ohne Belang. Wir tun dabei so, wie wenn es uns um die „echte, große reine" Kunst ginge, mit strenger Abscheidung von „tendenziöser" oder gar bloß erholender; wir verlangen allerlei Bildung, um ihren Formgesetzen nachgehen zu können und sie auch artistisch zu begreifen; wir leugnen entrüstet, daß eine gerade, und sei's auch langgezogene, Linie laufe von der Kunst zum sonstigen Leben - denn es soll eine repräsentative Bruchstelle zwischen beiden bleiben: hie Kunst, drüben Unkunst. Ja, so tun wir, aber während wir ihr eine so gefährliche Stellung aufreden, geschieht es doch nur aus sicherem Behagen heraus, das nichts zu fürchten hat von unversehens umstürzenden Wirkungen. Deshalb wird Kunst etwas Lebensabseitiges, Sache der Anerzogenheit, Sache bestimmter bevorzugter Klassen und Stände, ein ihnen vorbehaltener Zuschuß an Genießerischem, von „hoch" Genüßlichem neben den Genüssen Banaler. Daran ändern auch unsere gelegentlichen Einblicke in das katastrophale Element des Schaffens und der Schaffenden kaum etwas. Nun ereignen sich zwar zwischendurch seelische Miterschütterungen über das Anerzogene oder Konvention Gewordene hinaus; Miterlebnisse am Kunstwerk, die namentlich den jungen Menschen aufs stärkste beeinflussen können. Aber gerade hieran -von wo aus eine innere Richtigstellung zum Künstlerischen erfolgen könnte - erweist sich am bedenklichsten das Grundverkehrte unseres Gesamtverhaltens zur Kunst. Denn dazu müßte sie selbst die richtige Stellung zum Leben beanspruchen dürfen, kein Abseits dazu bilden, sich vor der allem Lebendigen innewohnenden Tendenz, vor dem organischen Zusammenschluß mit allen innern Betätigungen, nicht fürchten; sich eingestehen, daß sie von den primitivsten Regungen der Phantasie bis in die Abrundung zum reifsten Kunstwerk von ein und demselben Menschentum ausgeht und dessen Grundeinheit dient, ja diese ermöglicht. Ist es aber nicht so, dann wird es außerordentlich fraglich, ob die von ihr ausgehende tiefere Wirkung auf Jugend und Entwicklung wünschenswert sei; denn dann bedingen die von ihr erwirkten seelischen Erschütterungen eine Vorwegnahme von Kräften, die hinterher da, wo das Leben nach ihnen verlangt, abseitig ausgegeben wären. Dann ist sie eine Suggestion, die ablenkt und schwächt, eine versucherische, ungute Angelegenheit, auf die unter Umständen sogar ein Wort anwendbar würde wie „Laster" und „Ausschweifung". Daß uns das zu fremdartig klingt, daß wir darunter lediglich geist- und gemütlose Verschleuderungen verstehen, die uns moralistisch ins Unrecht setzen, beweist lediglich, aus einer wie großen Instinktunsicherheit wir leben, wie wenig beraten von unserer eigenen Lebendigkeit.

Allerdings gibt es auch noch ein anderes Verhalten zu diesen Dingen, das hier nicht berücksichtigt worden ist. Das findet man weit hinter aller Kunst und den komplizierteren Äußerungsformen der Phantasie: in der Tatsache selbst, daß ein jeder unter uns, von seinem primitivsten bis zum gesteigertesten Erleben, von seinen wachsten Gedanken bis zu den verträumtesten seiner Nächte, eine Phantasie-Existenz führt. Sogar je weiter ab vom kontrollierenden Bewußtsein, je eingetauchter in das, was uns aus dem seelischen Dunkel überkommt, desto mehr, können wir uns die Überzeugung holen vom Poeten in uns, vom Poeten in jedermann. Der, freilich, läßt sich nicht aus dem Mittelpunkt seiner Wirksamkeit verjagen, der duckt sich nur noch dunkler, wenn man an ihn heran will, und birgt sich nur um so wirkungsvoller im Heimlichen seines Tuns. Zwischen dem Verstand, zu dem wir uns mit

Recht immer klarer erziehen, und dem, worauf die verstandlosen Lebewesen unmittelbar beruhen, laßt er allein seine Brücken nicht einstürzen, und auch wo wir für sie keinen Blick erübrigen, wandeln wir für und für darauf. Und nicht nur zum Innenbesitz des gesunden Jedermann gehört dieses Stück allgemeinmenschlicher Schöpferbefähigung: es reicht noch hinab bis in jene demütigendsten Lagen, wo seelische Gebrechen uns aus uns selbst zu verrücken scheinen, uns in irregehende Triebe verstricken, aus denen herauszuhelfen nur bewußteste Klärung sonst Aussicht hat. Gerade in solchen Lagen kann es sich ereignen, daß infolge der Untiefen, in die es uns reißt, wir in die Nähe derjenigen Wege kommen, auf denen der Künstler sein. Werk von tief her ins Bewußtsein hebt. Als kreuze er, bei dieser stärksten Einkehr, die dem Menschen in den Menschen gelingt, denselben Weg, auf dem der dorthin abgesunkene Seelenkranke ratlos suchend vor sich her tastet. Was zwischen den beiden bei solchem Anlaß ahnungsvoll hin und her schwingen mag, kann der Gesunde auf Verstandespfaden nicht ermitteln; daß aber eine solche Erfahrung auch dem Schaffenden selbst köstlich werden kann, ermutigender als irgendein Beifall von Kennern oder Könnern, dafür möchte ich noch einmal den Dichter persönlich zeugen lassen. Vielleicht entsann er sich dabei der alten Sehnsucht, Arzt, Heiler, Helfer zu werden, als ob damit erst die eigne Hilfe auch an ihm gewährleistet sei -. Nachdem ich ihm von einem Leidenden erzählt, der, durch nichts zum Kunstverständnis erzogen, sich zum erstenmal an den „Elegien" Hoffnung holte: ein Erkanntsein von unbeschreiblicher Leuchtkraft, ein hoffendes Eingehen in Ordnung und Ruhe - kam die Erwiderung darauf (aus Château de Muzot, 1924, am Dienstag nach Ostern):

„Meine liebe, liebe Lou,

ich kann Dir nicht sagen, was Du mir für große, großmächtige Ostern bereitet hast mit Deinem Brief —— —— Erst nächstens, wenn ich Dir die Geschichte meines vergangenen (dritten) Muzot-Winters erzählen werde, wirst Du merken, wie wunderbar es ist, daß Du mir gerade jetzt dies von xxx berichten kannst: ich lese es immer wieder und hole mir daraus ein unbeschreibliches Geborgensein." —

„Geborgensein" heißt ihm hier, daß es ihm selbst erst auf dem Umweg über diejenigen zukommt, denen er es bringt. Darin ist nicht ein auf die ändern gerichtetes Interesse, sei es Mitleid, Bescheidenheit, Ruhmgier, Herablassung oder was sonst. Nichts ist darin außer dem Jubel jener Stunde, worin er von den Elegien schrieb; „Sie sind. Sie sind!" Keinen stärkern Ausweis für deren Sein kann es geben für ihn -

der an ihrem Schaffen sich zerstört fühlte, der an diesem Punkt seine eigene Fragwürdigkeit erlitt, der mit ihr den Erfolg des Seins begleichen mußte -, als daß zerstörte Menschen sich daran zum Sein wiederaufrichteten. Hierdurch, daß er ihnen den Tag am Kreuz zum österlichen Tag emporhebt, gilt dieser Tag auch ihm; sie sagen gleichsam ihm: „Heute noch wirst du mit mir im Paradiese sein."

Derselbe Umstand aber nähert ihn den Menschen überhaupt an einer Stelle, macht ihn ihnen zum Nächsten an einer Stelle, wo wir in unser aller Urgrund niedersteigen und der Höchststehende nicht minder seinen Boden hat als der am mühseligsten Emporklimmende. Ich möchte glauben: damit hängt noch Rainer Maria Rilkes lebenslängliches und durchgängiges Bedürfnis zusammen, sich bewähren zu lernen am werktäglich Simpelsten, an der stetigen Treue im Geringsten, an der ehrfürchtigen Behandlung auch der armen und unbegnadeten Stunden des Daseins noch. Da war es ihm nicht allein darum zu tun, sich während der Lücken der Meisterschaft wenigstens als Lehrling zu üben. Sondern um dies war es ihm zu tun: herausleben zu dürfen aus dem, was Geringstes nicht weniger wie Größestes alleinheitlich umgreift und was aus dieser Geborgenheit uns deshalb nicht fallen lassen kann - mag immerhin unser menschliches Bewußtsein, in seinem

Verpflichtetsein auf Unterscheidung und Vergleichung, noch so dringlich, noch so zudringlich überzeugend, uns hoch und niedrig, Triumphierendes und Scheiterndes, Himmlisches und Höllisches, Leben und Sterben auseinanderreißen.

Sich so zurückstellend in alles - indem er überreich sich darreichte - wird der Spender zugleich immer auch der Bittsteller werden, werden die Empfänger immer auch spendend an ihm: ihn bergend in dem, was ihnen ihr Geborgensein schuf. Und ginge er, der Einsame, den der Tod nur zu Ende vereinsamte, als er von uns ging, heute unter den Menschen, ich glaube, er würde am unmittelbarsten beheimatet sich fühlen in der tiefsten Anonymität seiner Werk-Wirkungen. Da, wo, in den nicht mehr verlautbaren Vorgängen des menschlichen Anschlusses ans Kosmische, auch sein Umriß sich leise verwischen dürfte, keiner Sichtbarmachung mehr bedürfte, keiner Selbsteingrenzung. Damit nur um so seiender eingekehrt, wiedergekehrt: dastehend, in tiefer Ruhe, unter Namenlosem ein Namenloser.

Verpflichtetsein auf Unterscheidung und Vergleichung, noch so dringlich, noch so zudringlich überzeugend, uns hoch und niedrig, Triumphierendes und Scheiterndes, Himmlisches und Höllisches, Leben und Sterben auseinanderreißen.

Sich so zurückstellend in alles - indem er überreich sich darreichte - wird der Spender zugleich immer auch der Bittsteller werden, werden die Empfänger immer auch spendend an ihm: ihn bergend in dem, was ihnen ihr Geborgensein schuf. Und ginge er, der Einsame, den der Tod nur zu Ende vereinsamte, als er von uns ging, heute unter den Menschen, ich glaube, er würde am unmittelbarsten beheimatet sich fühlen in der tiefsten Anonymität seiner Werk-Wirkungen. Da, wo, in den nicht mehr verlautbaren Vorgängen des menschlichen Anschlusses ans Kosmische, auch sein Umriß sich leise verwischen dürfte, keiner Sichtbarmachung mehr bedürfte, keiner Selbsteingrenzung. Damit nur um so seiender eingekehrt, wiedergekehrt: dastehend, in tiefer Ruhe, unter Namenlosem ein Namenloser.

Verzeichnis der Tafeln:

- ❖ In der Gartenlaube zu Wolfratshausen. Aufnahme aus dem Jahre 1897
- ❖ Auf der Veranda in Wolfratshausen. Aufnahme aus dem Jahre 1897
- ❖ Rilke und der russische Bauerndichter Droschin. Aufgenommen in dessen Heimatdorf im Jahre 1900
- ❖ In der Wohnstube des Westerweder Hauses. Aufnahme aus dem Jahre 1902
- ❖ Inneres des Studio al Ponte im Garten der Villa Strohl-Fern in Rom. Aufnahme aus dem Jahre 1904
- ❖ Rainer Maria Rilke. Aufnahme aus dem Jahre 1906
- ❖ Rilke an der Eingangstür zum Château de Muzot. Aufgenommen Herbst 1923
- ❖ Rilke im Garten des Château de Muzot. Aufgenommen Ostern 1924

In der Gartenlaube zu Wolfratshausen
1897

Auf der Veranda in Wolfratshausen
1897

Rilke und der Bauerndichter Droschin
1900

In der Wohnstube des Westerweder Hauses
1902

Rilke im Studio al Ponte
Im Garten der Villa Strohl-Fern in Rom
1904

Rainer Maria Rilke
1906

Rilke im Garten des Château de Muzot
Ostern 1924

Rilke an der Eingangstür zum Château de Muzot
Herbst 1923

Über Lou Andreas-Salomé:

Lou Andreas-Salomé, am 12.02.1861 als Louise von Salomé in Sankt Petersburg geboren, war eine Schriftstellerin und Psychoanalytikerin, die vor allem durch ihren Umgang mit kulturellen Größen Bekanntheit erlangte. So pflegte sie unter anderem persönliche Beziehungen zu Friedrich Nietzsche, Rainer Maria Rilke und Siegmund Freud.

Im Alter von 18 Jahren erhielt sie Unterricht in Philosophie und Religionsgeschichte bei Hendrik Gillot, dem liberalen Pastor der Niederländischen Gesandtschaft und Erzieher der Zarenkinder. Nach dem Tod ihres Vaters im selben Jahr, zog sie mit ihrer Mutter nach Zürich und nahm dort 1880 das Studium der Theologie, Philosophie und Geschichte auf. Aufgrund eines Lungenleidens mußte sie dieses jedoch ein halbes Jahr später abbrechen. In der Hoffnung, das wärmere Klima sei der Genesung zuträglich, reiste sie im Februar 1882 nach Rom. Dort lernte sie Malwida von Meysenburg kennen, eine deutsche Schriftstellerin, die in ihrem Salon regelmäßig Künstler und Intellektuelle versammelte. Dort bekam Andreas-Salomé Kontakt zu dem Philosophen Paul Rée, der – fasziniert von der jungen Frau – um ihre Hand anhielt. Trotz ihrer Ablehnung des Heiratsantrags entstand eine intensive Freundschaft.

Im April 1882 lernte sie Friedrich Nietzsche kennen. Anhand seiner Begrüßungsformel: „Von welchen Sternen sind wir uns hier einander zugefallen?" läßt sich erkennen, wie groß seine Bewunderung gegenüber der selbstbewußten, gebildeten Frau war. Doch auch die beiden Heiratsanträge, die er ihr

machte, lehnte sie ab. Sie war vielmehr an einer Arbeitsgemeinschaft mit Rée und Nietzsche interessiert, die jedoch nie zustande kam. Die Beziehung Rées und Nietzsches zu Lou Andreas-Salomé läßt sich am besten mit Rées Worten beschreiben: „...gerade jetzt und für alle Zukunft kann uns nichts trennen, da wir einem Dritten verbunden sind, dem wir uns selbst unterordnen."
Aufgrund von Eifersucht und auch der Intervenierung seitens Nietzsches Familie ging die Beziehung jedoch in die Brüche. Nietzsche überwarf sich mit Rée und Andreas-Salomé bei ihrer letzten Begegnung im Oktober 1882 in Leipzig. Sie sahen sich nie wieder. Auch Andreas-Salomés und Rées Wege trennten sich schließlich im Jahre 1885.
Im gleichen Jahr veröffentlichte sie unter dem Pseudonym „Henri Lou" ihren ersten Roman „Im Kampf um Gott".

Im August 1886 lernte sie den Orientalisten Friedrich Carl Andreas kennen. Wie schon zuvor Rée und Nietzsche hielt er um ihre Hand an und wurde zurückgewiesen. Erst nachdem er sich vor ihren Augen ein Messer in die Brust gerammt hatte, willigte sie in die Heirat ein – unter der Bedingung, die Ehe nie sexuell zu vollziehen. Diese Bedingung, sowie ihre Beziehung zu anderen Männern, hatte zahlreiche Eifersuchtsszenen zufolge – in eine Scheidung willigte Andreas jedoch nicht ein. Unter anderem Georg Ledebour, seinerzeit sozialistischer Journalist und Politiker, drängte ihn, seine Frau freizugeben – ohne Erfolg. Im Jahre 1903 wurde Friedrich Carl Andreas auf den Lehrstuhl für Westasiatische Sprachen an der Universität zu berufen, so daß sie ihren Wohnsitz von Berlin nach Göttingen verlegten.

Im Frühjahr 1897 fuhr Andreas-Salomé mit Frieda Freiin von Bülow nach München. Während ihres dortigen Aufenthaltes lernte sie Rainer Maria Rilke kennen und ließ sich auf eine Liebesbeziehung mit dem Dichter ein. Der vierzehn Jahre jüngere Student wurde nachhaltig von ihr beeinflußt, sie führte ihn unter anderem an die großen russischen Dichter heran und auf ihren Wunsch hin änderte er seinen Vornamen von René zu Rainer. Er wich nicht mehr von ihrer Seite und mietete sich ein kleines Zimmer in der Nähe ihres Wohnhauses, wo er die meiste Zeit verbrachte – Friedrich Carl Andreas im Wohnzimmer, Rilke mit Lou in der Küche. Aufgrund der zunehmenden Abhängigkeit des Dichters, ermunterte Andreas-Salomé ihn im Frühjahr 1898 zu einer Reise nach Italien, auf die sie ihn nicht begleitete – empfand sie diese Entwicklung doch als sehr unerfreulich.

In den Jahren 1899 und 1900 unternahmen sie gemeinsam zwei Reisen nach Rußland. Gerade die zweite Reise (07.05.-24.08.1900) gilt als Wendepunkt in der Beziehung der Beiden. Am 20. Januar 1901 schrieb Andreas-Salomé in ihrem Tagebuch: „Damit R. fortginge, ganz fort, wäre ich einer Brutalität fähig. (Er muß fort!)"
Tatsächlich beendete sie ihre Beziehung zu Rilke erst am 26. Februar desselben Jahres mittels eines Abschiedsbriefes.

Aus der Liebesbeziehung entstand jedoch eine enge Freundschaft, die bis zum Tode Rilkes am 29.12.1926 anhielt.

Andreas-Salomé lernte im Sommer 1911 in Schweden den Nervenarzt Poul Bjerre kennen, der ihr sein Fachgebiet näherbrachte und sie im September mit zu dem Kongreß der Internationalen Psychoanalytischen Vereinigung in Weimar mitnahm. Dort traf sie zum ersten Mal mit Siegmund Freud zusammen. Im Oktober 1912 reiste sie daraufhin zu ihm nach Wien und hielt sich dort fast ein halbes Jahr zu Studienzwecken auf. Freud legte ihr den Beruf des Psychoanalytikers nahe und 1915 eröffnete sie in ihrem Wohnhaus die erste psychoanalytische Praxis der Stadt Göttingen.

Im Frühjahr 1930 war Andreas-Salomé zu einem mehrwöchigen Krankenhausaufenthalt gezwungen, wo Friedrich Carl Andreas sie nahezu täglich besuchte. Nach dreiundvierzig Ehejahren erfolgte nun wieder eine Annäherung zwischen beiden. Andreas starb jedoch bereits am 03. Oktober desselben Jahres.

Lou Andreas-Salomé verschied schließlich am 05. Februar 1937 in Göttingen.

Editorische Notiz:

Der Text der vorliegenden Edition folgt der Ausgabe:
Lou Andreas-Salomé: Rainer Maria Rilke.
Leipzig 1928.

Die Orthographie wurde an wenigen Stellen behutsam modernisiert, der originale Lautstand und grammatikalische Eigenheiten bleiben gewahrt. Die Interpunktion folgt der Druckvorlage.

Ebenfalls im SEVERUS Verlag erhältlich:

Heinrich von Stein
Giordano Bruno
Gedanken über seine Lehre und sein Leben
SEVERUS 2010 / 120 S. / 19,50 Euro
ISBN 978-3-942382-10-6

„Das ist der Mutterschmerz der Wahrheit, daß sie den Schoß zerreißt, der sie gebiert. Ein jedes Neuerschaute wird für den, der es erschaut hat, ruhlose Qual. Es muß ja wohl so sein, daß das Neue, weil neu, nicht vernommen wird, und der Denker, weil er selten ist, einsam bleibt."

Der umstrittene Dichter und Philosoph Heinrich Freiherr von Stein schreibt über den ebenso umstrittenen Dichter und Philosophen Giordano Bruno. Indem er sich Brunos philosophischer Lehre über dessen poetisches Werk nähert, gelingt von Stein eine eindringliche Beschreibung eines kontroversen und streitlustigen Denker, der zum Märtyrer wurde, weil er Wahrheiten aussprach, für die seine Zeit noch nicht bereit war.

www.severus-verlag.de

Ebenfalls im SEVERUS Verlag erhältlich:

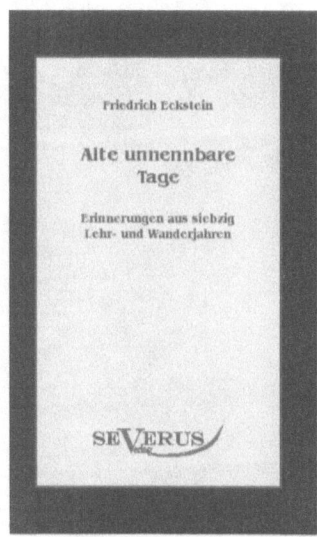

Friedrich Eckstein
Alte unnennbare Tage
SEVERUS 2010 / 268 S. / 24,50 Euro
ISBN 978-3-942382-19-9

„Selbst unter den berühmtesten Wiener Berühmtheiten gab es keinen, der sich nicht gern an Mac Ecks Stammtisch eingefunden hätte. Hugo Wolf, Johann Strauß, E. Blavatsky und Annie Besant, Ferdinand Bruckner, Sigmund Freud, Alfred Adler und Leo Trotzki sie alle berieten sich mit ihm. Wenn Hugo von Hofmannsthal, Werfel und Rilke über ein Gedicht in Zweifel waren, so pilgerten sie zu Mac Eck. Architekten legten ihm ihre Baupläne, Mathematiker ihre Gleichungen, Physiker ihre Formeln, Komponisten ihre Partituren zur Begutachtung vor. Juristen und Psychoanalytiker besprachen ihre Fälle mit ihm. Schauspieler befragten ihn über ihre Rollen und Historiker über ihre Geschichtstheorien. [...] Mac Eck kannte sich in allen Gebieten aus."
René Fülöp-Miller

Anschaulich und anekdotenreich schildert der österreichische Polyhistor, Literat, Mäzen und Theosoph Friedrich Eckstein (1861 - 1939) seine Begegnungen mit Hugo Wolf und Anton Bruckner, Mark Twain und vielen anderen.

www.severus-verlag.de

Ebenfalls im SEVERUS Verlag erhältlich:

Lily Braun
Lebenssucher
SEVERUS 2010 / 352 S./ 19,50 Euro
ISBN 978-3-942382-20-5

„Sieh dort hinaus!" mahnte die Großmutter; ihre weiße, in die unbestimmte Ferne weisende Hand schimmerte wie von innen erleuchtet; „und nicht zurück! Dort suche das Leben!"

Der Junker Konrad Hochseß verlässt noch als Knabe sein Heimatdorf – und ist seitdem, ganz der Aussage der älteren Dame folgend, von der Sehnsucht nach dem Leben getrieben. Was genau dies jedoch bedeutet und ob sich das, was sich Leben nennt, so einfach definieren, geschweige denn finden lässt, muss der junge Mann erst herausfinden. Eindrucksvoll und empfindsam schildert Lily Braun den Lebensweg Konrad Hochseß', seine Irrungen und Wirrungen, seine Liebe und sein Leid. Lebenssucher ist ein für die Sozialdemokratin und Frauenrechtlerin überraschend gefühlvoller Roman, der in einem spannenden Kontrast zu ihren sonst eher sozialkritischen Veröffentlichungen steht. Doch in genau dieser Vielseitigkeit offenbart sich die Schriftstellerin Lily Braun, die mit Lebenssucher zudem einen ihrer letzten Romane vorlegt.

www.severus-verlag.de

www.ingramcontent.com/pod-product-compliance
Lightning Source LLC
Chambersburg PA
CBHW020949230426
43666CB00005B/246